Carlos Barbáchano

GASTÓN BAQUERO: EL HOMBRE QUE ANSIABA LAS ESTRELLAS

Prólogo de Fidel Sendagorta

BETANIA

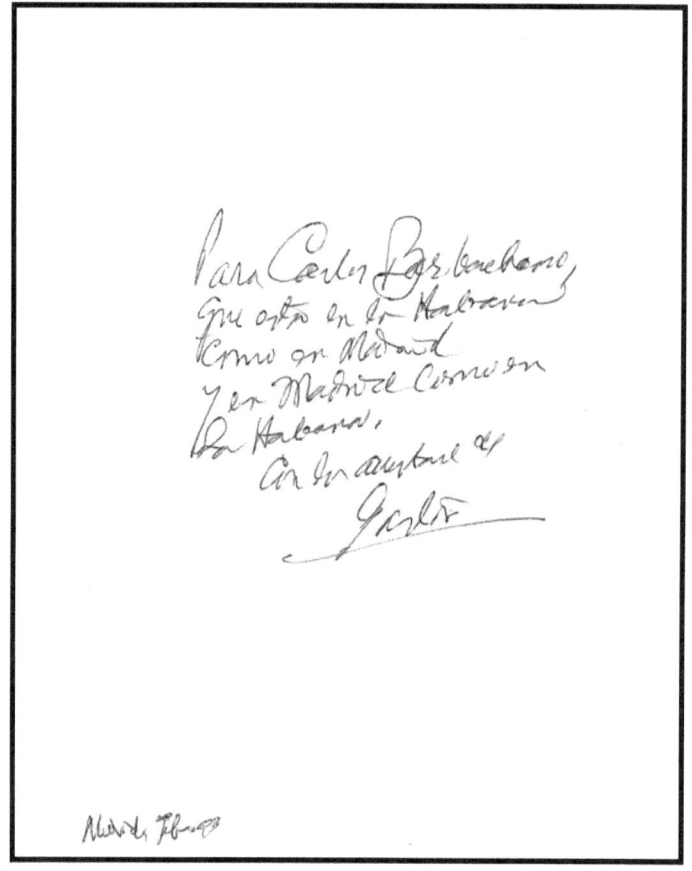

Dedicatoria de Gastón Baquero a Carlos Barbáchano de su libro
Autoantología comentada (Madrid: Signos, 1992).

GASTÓN BAQUERO: EL HOMBRE QUE ANSIABA LAS ESTRELLAS

Carlos Barbáchano

Carlos Barbáchano

GASTÓN BAQUERO: EL HOMBRE QUE ANSIABA LAS ESTRELLAS

Prólogo de Fidel Sendagorta

editorial **BETANIA**

Colección ENSAYO

Colección ENSAYO

Portada: *Retrato de Gastón Baquero* del pintor español Miguel Elías (Alicante, 1963). Profesor de la Universidad de Salamanca, ha obtenido numerosos premios y expuesto sus obras en España, América y Asia. Tiene pintados más de cien retratos de poetas iberoamericanos.

Apartado de Correos 50.767
Madrid 28080 España.

ISBN: 978-84-8017-368-1.
Depósito Legal: M-39401-2015.
Imprime PUBLIDISA.
Impreso en España / Printed in Spain.

Prólogo

Conocí a Gastón Baquero a mi regreso a Madrid después de una estancia de tres años en La Habana. Me presentó el poeta y periodista Bladimir Zamora que traía de Cuba el deseo de cercanía con Gastón que sentían muchos escritores jóvenes de la Isla. En esas tertulias en las que Gastón ejercía de patriarca benévolo se encontraron Bladimir y el editor Felipe Lázaro, a quien yo había conocido años atrás en la Escuela Diplomática, y de esa colaboración nació la antología poética *Poesía cubana: La isla entera* (Betania, 1995). Fueron años de acercamiento entre los que escribían dentro y los que lo hacían desde el exilio y yo tuve la suerte de participar en algunas iniciativas que se llevaron a cabo en Madrid para promover una reconciliación que avanzó antes en el mundo de la cultura que en otros ámbitos de la vida cubana.

Como relata Carlos Barbáchano en su sugestiva semblanza de Gastón, éste se convirtió en el símbolo de esa reunificación de la cultura cubana, con una generosidad que pudo con los enconos de la política y las humillaciones que impone el destierro. Hubo un momento fundador y fue sin duda el abrazo que se dieron Gastón y Eliseo Diego en la Residencia de Estudiantes en un acto convocado con motivo del premio Cervantes otorgado a Dulce María Loynaz. Sellada la reconciliación entre estos dos grandes de la poesía cubana la señal estaba dada. Un año después se celebraba en la Casa de América un encuentro de escritores cubanos de dentro y de fuera en torno al cincuentenario de *Orígenes*, cuyo fruto más duradero sería el lanzamiento de la revista *Encuentro de la Cultura Cubana* nacida del impulso de Jesús Díaz y Annabelle Rodriguez[1].

---

1. La revista *Encuentro de la cultura cubana* fue fundada en Madrid (1996) por Jesús Díaz, Pío E. Serrano, Annabelle Rodríguez y Felipe Lázaro. (Nota del editor).

Sin embargo, veinte años después de estas iniciativas tan valiosas, la ansiada reconciliación nacional sigue pendiente. Una vez se cumpla este agotador y doloroso alumbramiento, cuando las nuevas generaciones de cubanos vuelvan la vista atrás se encontrarán con nombres como el de Gastón Baquero, que tuvieron el valor cívico de utilizar su prestigio de creadores para dar un primer paso tan difícil como necesario para reconstruir una nación en la que por fin quepan todos sus hijos.

Fidel Sendagorta
Madrid, diciembre 2015

Fidel Sendagorta (Madrid, 1956). Ejerció como diplomático español en Cuba. Actualmente es Director General para América del Norte, Asia y Pacífico del Ministerio de Asuntos Exteriores y de Cooperación de España.

EL POEMA*

Homenaje a Eugenio Florit

"Quiero", dice la niña
irrumpiendo en el silencio del poeta,
"que me escribas un poema".
"¿Quién puede hacer un poema? Yo no", responde el sorprendido.
"Ya están escritos todos los poemas".
Ensimismado estaba
ante un blanco papel, blanco y vacío hora tras hora.
Un papel lleno del bostezo interminable de la nada.
"Quiero, quiero un poema", insiste
la inesperada niña. "Me gustan los poemas".
"Mira, ángel extraño, no es un buen día el de hoy:
"La inspiración ha huido. No puedo darte un poema,
ni soñar en hacerlo todo el día. Pero toma,
toma esta rosa, llévala a aquel vaso que está en el fondo,
colócala allí cuidadosamente, para que mañana
siga siendo tuya todo el día. Y luego, puedes irte,
pero en silencio: la musa teme al ruido, y si se aleja,
tarda mucho en volver: déjame solo".

La niña tomó la rosa delicadamente,
y como en un vuelo cruzó la habitación.
Puso la rosa
en su erguido sepulcro de cristal, y sin ruido partió;
apenas pudo oírse la puerta, la que al cerrarse
enclaustraba de nuevo en su estéril espera, en su vacío,
al poeta. Todo fue paz de nuevo.
La nada resurgía
como una tierra amiga ante el ensimismado inútil.
Y al volver los ojos otra vez hacia el blanco papel,

(*) *Partita para violín solo*, de J. S. Bach.

vio que allí estaba:
como un mirlo en medio de la nieve,
como una estrella sola en el centro del cielo,
allí estaba, sobre el papel inmenso, el Poema.

Gastón Baquero: El hombre que ansiaba las estrellas *

De Banes a La Habana

Me gusta recordar que uno no nace, a uno lo nacen. "Me nacieron en Zamora", decía Leopoldo Alas, Clarín, el asturiano universal, con probado acierto. A Gastón Baquero le gustó venir al mundo en Banes, en la región oriental cubana, aunque la copia de su partida de nacimiento reza que nació en la capital, el 4 de mayo de 1914. Documento que con seguridad se expidió posteriormente a su venida al mundo, lo que explicaría su inscripción en La Habana. De hecho su hermana melliza figura nacida en Banes la misma fecha, evidentemente, que su hermano. Conviene dejar clara la fecha de nacimiento pues hasta que se publica dicha partida, se creyó que nuestro autor había nacido en 1918. Más adelante volveremos a ello[1].

El padre, José María Baquero, buen mozo e hijo de español, había casado en la capital cubana con andaluza y tenía ya dos hijas de corta edad cuando llega solo a Banes como telegrafista en 1912. A poco de instalarse en la pensión que lo acoge, queda prendado de la bella mulata que recoge la ropa para lavar, Fredesbinda Díaz; la enamora y queda embarazada, pero no asume sus responsabilidades y abandona la ciudad oriental cuando los mellizos –un varón y una hembra- apenas tienen seis meses.

1. En la excelente antología (*Gastón Baquero: La patria sonora de los frutos*. Selección, prólogo, notas y apéndice de Efraín Rodríguez Santana. Editorial Letras Cubanas. La Habana, 2001) muestra la partida de nacimiento como prueba testimonial de su inscripción en La Habana.

* La primera versión de este texto apareció en la revista *Cuadernos Hispanoamericanos* (Madrid), nº 775, enero 2015; págs. 11-39.

El cura del pueblo se niega a bautizarlos (más tarde los bautizará un nuevo párroco) y Fredesbinda, su madre y sus hermanas, humilde familia de mujeres, deben luchar lo indecible para salir adelante[2].

En Banes pasa Gastón su infancia, criándose con su adorada madre. Es un niño hermoso que crece con rapidez y quiere saberlo todo. Muy religioso. A falta de un padre en la tierra, lo busca en el cielo. Pronto debe ponerse a trabajar y apenas puede pisar la escuela. Cuando alguna tarde aparece por clase ocupa discretamente los últimos asientos y se queda dormido. Los niños comienzan a burlarse de él y el buen maestro los recrimina diciéndoles que lo dejen dormir pues está cansado de tanto trabajar.

Un campesino amigo de la familia se encariña con el niño grande y lo saca al campo en las escasas ocasiones en que ambos disponen de algún tiempo libre. Pronto comienza a apreciar la rica naturaleza de Oriente, a distinguir las yerbas buenas de las malas, a disfrutar los frutos de la madre tierra. Cuando alguien le pregunta lo que quiere ser de mayor responde con su media lengua: "¡agrómono!" Al futuro poeta le gustará luego decir que su trabajo es "sembrar, plantar poemas". Cuando en otra de sus declaraciones responde a la pregunta de cómo tomó conciencia por primera vez de que era poeta, responde que se dio espontáneamente, "como nace una flor en una planta. Algo que nadie sabe cuándo aparece, pero lo cierto es que nace de ahí dentro, de la planta"[3].

La naturaleza, presente en sus primeros años, y también la poesía. En la casa de Gastón se lee mucho y el niño dic-

2. Buena parte del anecdotario vital de Baquero en *Destellos y desdén*, de Alberto Díaz-Díaz. Se trata de la primera biografía publicada sobre GB (ADICIVM, Madrid, 2008). Debo agradecer a su autor las valiosas informaciones y datos registrados. Lamento, sin embargo, que en muchas ocasiones convierta un trabajo presuntamente científico en un ajuste de cuentas con quienes se movían en torno a Baquero y con el país donde se doctoró (España).

3. AAVV: *Entrevistas a Gastón Baquero*. Betania, Madrid, p. 46.

ta sin apenas comprender los poemas que a su tía Mina le van dejando para pasarlos a una libreta. Poemas románticos, de escasa calidad, pero que contribuyen a ejercitar su oído, a fijar el sonido musical de las palabras. "Hemos estado oyendo poesía desde que nacimos. Todavía recuerdo poemas de Juan de Dios Peza. En general eran autores que ahora pueden parecer terribles, pero iban dando una idea del ritmo, de la cadencia, de las sílabas contadas; y hasta el habla misma llegaba a estar marcada por esa cadencia. Nací en una atmósfera maravillosa, porque en mi pueblo la poesía era una aparición cotidiana"[4].

No es por tanto de extrañar que los poemas de Gastón sean siempre profundamente musicales y estén repletos de aciertos rítmicos que se aprecian aún más cuando son leídos en voz alta.

En tan propicio ambiente pronto surgen los primeros poemas. Cuando el niño tiene 11 o 12 años, Mina, la tía y mentora poética, queda gratamente sorprendida cuando "desarrugando un pequeño papel que estrujaba entre las manos, muy avergonzado y titubeante, leí para ella lo que había escrito sin saber bien por qué:

El parque de mi pueblo tiene
Cuatro laureles y el busto de un patriota.
Cuando la tarde es hecha de una lumbre tranquila,
Arriban silenciosas las ancianas.
La tarde es lo más bello de este pueblo,
y son tristes sus noches,
cuando el parque se queda desolado,
con sus cuatro laureles y el busto de un patriota".

El parque y los laureles –nos comenta- eran literales,

---

4. Ibidem, p. 23.

pero las ancianas me las inventé. Veía el cuadro completo,
no como era exactamente, sino como yo quería que fuese.
Instintivamente había comenzado ya a arreglar el mundo, a
poner en el escenario lo que yo quería que estuviese allí. Si
es cierto aquello de que "el niño es el padre del hombre", en
mi caso se confirma. Se es de mayor lo que se fue de niño,
sólo que ampliado, deteriorado, echado a perder"[5].

La poesía es por tanto para él, desde sus primeros balbu-
ceos creativos, una forma de conocer el mundo, incluso de
modificarlo, de completarlo, como nos recordará en tantas
ocasiones. El segundo de sus textos, compuesto a los 13
años, poco antes de que su padre lo requiriera para llevár-
selo a La Habana, es ya un soneto, producto de un sueño
en el que una de sus compañeritas de escuela, la más bella,
fallecía:

"A la niña que ha muerto esta mañana
le hemos puesto en el pecho una azucena,
y hemos puesto además una manzana
junto a su mano pálida y serena.

Los niños han venido. Ya está llena
su habitación de leve porcelana,
parece que se mira en la azucena
y que tiende su mano a la manzana.

Nos alejamos quedos de su lecho
contemplando otra vez su faz serena,
y mientras rueda el sollozo en nuestro pecho,

Y nos sigue el olor de la azucena,
la decimos adiós, vamos derecho
a llorar en lo oculto nuestra pena."

5. Felipe Lázaro: *Conversación con Gastón Baquero*. Betania, Madrid,
1994. pp. 21-22.

El comentario con que ilustra su elegía no tiene desperdicio: "dramatizar un hecho irreal, o convertir en irrealidad un hecho dramático, es cosa que nació conmigo. No creo que conduzca a nada interesante averiguar si se debe a inconformidad con el mundo en general, o a disgusto con uno mismo por sus defectos, o a rebeldía ante los aspectos feos de la existencia, que son tantos. Venga de donde venga esa tendencia, ese instinto irrefrenable, es de ahí y no de la literatura de donde extraigo los poemas, de donde los he extraído siempre"[6].

Aclaración sumamente oportuna pues se ha tildado con cierta frecuencia la poesía de Gastón Baquero, creo que erróneamente, de libresca, de literatura sobre literatura. Es innegable que la intertextualidad, como escritor profundamente culto que es, esté casi siempre presente en su obra, pero ello no quiere decir que la motivación, el origen del poema, brote de algo más hondo, más instintivo, más propio del temperamento del poeta. Recordemos que el poema surge "como nace una flor en una planta".

Aunque reconoce que el asunto fundamental de su obra poética es el viaje, la muerte ("la que transforma todo nombre en un pretérito"), la destrucción de lo bello, es otra de sus grandes constantes. Presente ya en esta elegía infantil impregnará muchos de sus poemas mayores[7].

Sus comentarios a estos dos primeros poemas se cierran con un par de sentencias que fundamentan asimismo su poética: "Hablar de lo que no se ha visto, es crear. Intentar describir lo visto es una utopía, porque lo real es inapresable por la palabra y aun por la mirada"[8].

6. Ibidem, p. 23.
7. Del tema de la muerte en Baquero se ocupan, entre otros estudiosos, Fina García Marruz, en su espléndido recordatorio de Gastón, que más adelante consigno, y Jorge Luis Arcos en "Baquero y la muerte". *La palabra perdida*. Ediciones Unión, La Habana, 2003.
8. *Conversación*, p. 23.

La reaparición de José María, el padre, coincide con las posibilidades que a éste se le ofrecen para poder ocupar pronto plaza de maestro en La Habana, pues en su juventud había podido estudiar magisterio en Estados Unidos. Tras pasar más de una década de telegrafista provinciano, suplica a Fredesbinda le permita llevarse al muchacho para que complete en la capital su escasa formación académica. El amor de madre puede más que su rencor de mujer abandonada. Una breve y última misión en una localidad de las Villas, cerca ya de Matanzas, les separa por unos meses de La Habana. En 1929 padre e hijo se instalan en la capital.

El fulgor de La Habana

El deslumbramiento que produce en el joven la gran urbe no le impide completar aceleradamente los estudios que no pudo cursar en provincias. Su curiosidad es infinita. Nunca perderá Gastón ese afán de aprender, de profundizar en las más diversas materias. Terminado el bachillerato, se matricula en ingeniería agrícola en la Universidad de La Habana ("me hice ingeniero agrónomo para complacer a mi padre"). En 1940 obtiene el título de agrónomo y químico azucarero: "Estudié con interés, sin esfuerzo ni sacrificio mental, porque todo me ha interesado siempre: todo lo que enseña algo, añade, descubre pedazos de la realidad. Me hubiera gustado mucho ser astrónomo por encima de toda otra ciencia, pero el estudio de esa ingeniería, a la que acompañaban materias de ciencias naturales, me dio muchas satisfacciones culturales"[9].

Al tiempo que cursa la carrera acude a las clases de la Facultad de Letras. Alto y apuesto, comunicativo y afable pese a su natural timidez de muchachón guajiro, poseedor

---

9. Ibidem, p. 24.

de un gran encanto personal, no le cuesta hacer amigos. La inspiración poética no le abandona ni en las clases de ciencias: "en una clase de química escuché las palabras –las sales- rejalgar y oropimente, y se me ocurrió que eran una pareja. A partir de ahí arranqué y, después, cada vez que he tenido ganas, escribo un poema"[10]. En la década de los treinta aparecen sus primeros textos poéticos y críticas literarias en la revista *Grafos*, dirigida por Guy Pérez Cisneros, quien va a ser uno de sus mejores amigos. En seguida su firma aparece en otras muchas publicaciones, tales como *Social*, *Verbum*, *Baraguá*, *Espuela de Plata*, *Revista Cubana*, *Clavileño*, *Orbe*, *Poeta*, *Orígenes*, *América*… En ellas coincide con escritores y artistas consagrados y, sobre todo, con jóvenes talentosos que, como él, comienzan a abrirse paso en el panorama literario, como Cintio Vitier, Fina García Marruz, Agustín Pí, Eliseo Diego, Octavio Smith, entre otros, con quienes estrechará sólidos lazos de amistad. "Gastón era entonces una persona maravillosa. No digo que no lo haya sido siempre, pero estamos hablando de aquel "entonces", cuando sólo tenía unos zapatos gastados, unos pantalones sin raya que recuerdo eternamente carmelitas, un cinto raído y una camisa blanca inmaculada que el viento del mar abombaba como un velamen, encima del cual su poderoso rostro emergía como el de un príncipe", escribe Cintio Vitier evocando al joven Gastón. "Nunca conocí persona más hecha para la felicidad ni más enemiga de contar tristezas", sentencia a su vez Fina García Marruz, quien en su maravillosa evocación del amigo, sencillamente titulada 'Gastón', recuerda sus palabras en una visita que ambos hicieron a Dulce María Loynaz, "que nos había invitado para celebrar el cumpleaños de su esposo Pablo y donde hacíamos siempre un aparte con los otros poetas como Ba-

---

10. *Entrevistas*, p. 47.

llagas, me diría, con ese tono de confidencia con que bajaba de pronto la voz: "Qué pronto se acostumbra uno a vestir camisa fina y a que lo reciban…", lo que oí con un aún no disipado estupor, ya que siempre pensé que era él quien honraba a los otros con su visita"[11].

Espuela de Plata, dirigida por José Lezama Lima y el mentado Pérez Cisneros, es la publicación que, cuando Baquero se refería a esta época, más apreciaba: "considero que es realmente la revista definitoria. No la definitiva, pero sí la definitoria del grupo y de todas las tendencias. La que nos acercó más y nos dio un lugar común de encuentro. Le doy una importancia muy grande y la recuerdo con mucho cariño"[12].

Incido en ello porque se habla mucho de la generación de *Orígenes*, concepto que Gastón rechazaba al considerarlo un invento de la crítica (sólo colaboró con un poema en el primer número de la revista: "Canta la alondra en las puertas del cielo)", y se olvida frecuentemente el destacado papel que tuvieron en la vida cultural cubana otras publicaciones que configuraron un periodo de sobresaliente actividad artística e intelectual, paralelo a nuestra generación del 27 (otra denominación polémica).

Lezama Lima y Gastón Baquero

El hermano mayor de todos estos jóvenes y promotor además de varias de estas publicaciones fue José Lezama Lima. El descubrimiento de su obra y poco después de su persona constituyó para Baquero un hito fundamental en su trayectoria: "La relación, literaria primero, y literaria y de

---

11. Cintio Vitier, "Memorias de Gastón", y Fina García Marruz, "Gastón". Ambos textos pueden leerse en el apéndice que cierra la antología de Rodríguez Santana.

12. *Entrevistas*, pp. 51-52.

amistad después, con Lezama, es, para mí, el hecho más importante de mi vida". Por pura casualidad cae un día en sus manos el poema "Discurso para despertar a las hilanderas". Queda impactado y tras averiguar la dirección del autor le envía una larga y pedantísima carta, trufada de citas, que, para gozo del jovencísimo poeta, es respondida de inmediato por el también joven maestro. Pasado un tiempo logra conocerlo personalmente y se establece entre ellos una relación "llena de alternativas, de "baches", de tropiezos. A veces estábamos meses y meses sin tratarnos, porque mi carácter le resultaba demasiado blando con los demás, poco exigente. "Usted es muy politiquero", me decía, refiriéndose a que yo tenía trato, superficial, pero cordial, con personas por las que él sentía un desprecio total (…) Llamarme pastelero, "salonnier", era de lo más suave que me decía. En aquel tiempo era un verdadero ogro, un puercoespín hecho y derecho"[13].

El difícil carácter de Lezama no resta un ápice el reconocimiento que siente por el maestro. "Yo tengo un puesto asegurado, para siempre, en la literatura cubana porque fui la primera persona que publicó un artículo en elogio de la obra de este hombre"[14]. Al cabo de los años se sorprenderá de cómo el difícil carácter de Lezama cambia totalmente tras la revolución, haciéndolo mucho más tratable, y seguirá admirándolo desde el exilio por su "heroísmo" al proseguir su obra ante la indiferencia y hostilidad de los dirigentes culturales castristas.

Mucho se ha comentado la supuesta influencia de la obra de Lezama en la poesía de Baquero, quien es muy explícito al respecto y nos precisa que si por influencia entendemos imitación, "creo que nunca existió una influencia de la poe-

---

13. *Conversación*, pp. 35-36.

14. Artículo que aparece en el periódico habanero *El Mundo* en 1942, a página entera y con dibujo de Lezama por Portocarrero.

sía de Lezama en lo que yo hacía"[15]. Influencia o, mejor, admiración, la hubo, en cuanto al carácter, la personalidad desbordante de Lezama, su dedicación plena, total, sin concesiones, a su singularísima obra literaria. Diferencias, por otra parte, y muy claras, en cuanto a sus respectivas obras poéticas. Antes nos hemos referido al encanto auditivo de los poemas baquerianos. Lezama es, frente a Baquero, poeta eminentemente visual. En sus declaraciones a Rodríguez Santana nos comenta que Lezama le reprochaba: "Lo malo de usted es que escribe con el oído. Yo escribo con el ojo, porque el verso ha de caer del ojo como una gota de resina". A mí esa definición –prosigue- me parece maravillosa. Creo que sí, que el verdadero gran verso debe ser como un diamante que cae hecho ya sobre la tierra. Pero no es mi caso, nunca les he dado tiempo a mis versos para ser gotas de resina, la sonoridad me ha arrastrado y tengo muchos poemas que son puramente musicales"[16]. Pese a sus diferencias, estéticas y humanas, Lezama siempre reconoció la valía del joven Baquero. De todos nosotros, decía, "era el que tenía más dones".

La relación entre ambos creadores se interrumpirá tras el exilio de Baquero pues éste nunca quiso comprometer a su amigo enviándole cartas o mensajes que pudieran perjudicarle. Lezama, a su vez, como hace un momento se ha constatado, sufrió un severo insilio.

El exilio republicano: Juan Ramón Jiménez

Gastón Baquero, como parte de la juventud universitaria cubana de la segunda mitad de los treinta, pudo enriquecerse con la estancia en la isla de algunas de las figuras más pres-

---

15. *Conversación*, p. 37.
16. *Entrevistas*, p. 63.

tigiosas del exilio republicano español que recalaron temporalmente en un país que no supo aprovechar, como haría
México, la presencia de tan señeras personalidades. "Se les
ofreció unas conferencias, algún cursillo muy breve, alguna
velada literaria, etc…, pero no se les dio cátedras, no se les
ligó fuertemente a la Universidad, como era lo debido, y lo
que convenía más, no a ellos, sino a la cultura cubana"[17].
Entre ellos estaban María Zambrano, José Gaos, Menéndez
Pidal, Pittaluga, Sánchez Albornoz, Chabás, Xirau, Ferra-
ter; pero, sin duda, quien mayor influencia dejó en el joven
poeta fue Juan Ramón Jiménez, su otro gran modelo, ético
y estético.

Varios de los mejores ensayos de Baquero están dedicados
al "poeta de poetas", al dios de la poesía hispánica contemporánea. En "Juan Ramón, vivo en el recuerdo", deslindada
la imagen pública del poeta (tópica y por lo tanto odiosa) de
la del admirable creador, nos confiesa: "Con todas las mara-
villas que uno ha tenido ante sus ojos, y que le acompañan
para toda la vida, yo me quedo con el sonido, con el tono
interior de Juan Ramón en sus lecturas. No había teatralidad,
ni énfasis excesivo, exterior, ni eso que los oradores llaman
"recursos", tan frecuentes en el hombre hispánico cuando se
dirige a un público (…); no había sino el instrumento musical
por naturaleza que brota a la manera del manantial-hilo-de-
agua (…), ese río del romance español que él ve continua-
mente yendo y viniendo entre las venas de la poesía española
estaba vivo y fluía constantemente (…) Cuando quedaba en
silencio, uno seguía trasoyéndole la música interior, entera-
mente como sucede con el mar". De nuevo el oído, otra vez
la fuente interna que emana naturalmente del poeta, el pa-
ralelismo naturaleza-creador. Compara poco después a Juan
Ramón con Lezama, poetas en casi todo opuestos, "astros

17. *Conversación*, p. 30.

incompatibles". Se temía la confrontación, el mutuo rechazo; pero "se produjo el fenómeno eléctrico (lo que el griego llamaba eléctrico) de la simpatía, del entendimiento profundo, del respeto mutuo"[18].

En el pequeño jardín del hotel Vedado, donde se alojaron Zenobia y Juan Ramón en su estancia habanera, tienen lugar las tertulias a las que acuden numerosos admiradores. Gastón siempre odió las tertulias, los mentideros literarios; así que, habiendo ido a la primera, deja de acudir. "No volví por allí, y supe que algún día preguntó: -¿Y qué se ha hecho de ese muchacho, ese, creo que Gastón, que parece un príncipe abisinio? –Nada, Juan Ramón –le dijeron-; él está en todo lo de usted; pero, ¿sabe?, es un poco raro y muy tímido; siempre le decimos el venadito. –Sí, es verdad –comentó Juan Ramón-; tiene algo de animalito que huye. Pero díganle que me traiga más poemas suyos…"[19].

El venadito apenas tiene veinte años pero nunca olvidará lo que el maestro del otro lado del Atlántico hizo por la poesía cubana, las lecciones vivas del "poeta enorme, poeta de poetas", como le llamará años más tarde en uno de sus ensayos fundamentales "La poesía como reconstrucción de los dioses y del mundo". Y en "Eternidad de Juan Ramón", conferencia que pronunciará en 1958 en el Ateneo de La Habana tras la muerte del Nobel, va a reconocer, al concluir un lúcido recorrido por su obra entera, que "sentimos dentro de ella que la Extraña se hizo presente al fin, que el dios volcó su parusía, que la fugitiva dejó tomarse las huellas y el temblor"[20].

18. Gastón Baquero: "Por el hilo se saca el ovillo", en *Indios, blancos y negros en el caldero de América*. Ediciones de Cultura Hispánica, 1991. Madrid, pp. 284-285.

19. Durante mi misión en la isla como agregado de la embajada de España para asuntos educativos y culturales redacté, con Fina García Marruz y Cintio Vitier, el texto de la placa que se inauguró a finales del 92 en el recibidor del hotel Vedado y que recordaba la estancia de Zenobia y Juan Ramón en La Habana.

20. Gastón Baquero: *Ensayo*. Fundación Central Hispano, 1995. Salamanca.

La carrera periodística

José María, su padre, le proporciona trabajo como traductor de cables en la prensa habanera. El director de *Información* está tan satisfecho de la labor del joven traductor
de inglés que le permite publicar sus primeros artículos (las
traducciones que hará de poetas ingleses y franceses, entre
ellos Eliot o Eluard, son memorables). Esos primeros suel-
dos le permiten soñar con poder trasladar su familia mater-
na a la capital; mientras, vive modestamente en una habitación alquilada de Centro Habana. Pronto se multiplican
sus colaboraciones periodísticas pues su doble formación,
científica y literaria (ya es un auténtico humanista, un hombre del Renacimiento), le permite abarcar los más diversos
asuntos. Sus amigos literarios le reprochan que malgaste su
talento en la prensa descuidando con ello su maestría poética, ya celebrada desde la edición en 1942 de sus dos primeros poemarios: *Poemas* y *Saúl sobre su espada*. "Balzac
–confesará a Felipe Lázaro- dijo una verdad tremenda: si el
periodismo no existiera, habría que no inventarlo". Siempre
dejó dicho que era muy difícil compatibilizar el oficio de
periodista y la poesía, pero a continuación pronuncia una
cita de su venerado José Martí que en buena parte lo redi-
me: "Ganado el pan, hágase el verso"[21].

En 1944 obtiene Gastón uno de los premios periodísticos
más prestigiosos del país, el Justo de Lara. Un año después
Pepín Rivero lo acoge en el *Diario de la Marina*, decano
de la prensa cubana, del que pronto pasará a ser jefe de
redacción.

El pan ya está ganado y su familia de Banes cómoda-
mente instalada en una amplia casa del Vedado, sede de la
burguesía habanera. El *Diario* es un periódico de derechas
pero su joven redactor jefe no olvida sus orígenes humildes

---

21. *Conversación*, pp. 26-28.

y muchos de sus artículos tienen un marcado carácter social, de manera especial aquellos relacionados con el campo y sus gentes. La promoción profesional y social de Gastón, pero sobre todo su circunstancial apartamiento de la poesía, produce la indignación de Lezama. Sus insultos "se hicieron simplemente insoportables. Estuvimos mucho tiempo sin dirigirnos la palabra"[22]. Con todo, en 1949 Lezama comienza a colaborar en el *Diario* con una serie de artículos sobre La Habana recientemente recopilados y editados por Prats Sariol en *Verbum* y que llegó a prologar Baquero. Tampoco olvida el joven periodista a sus jóvenes amigos literarios y publica reseñas de alguno de los poemarios más significativos del grupo. Agustín Pí, por ejemplo, se ocupa de *En la Calzada de Jesús del Monte*, el gran poema de Eliseo Diego.

Los primeros poemarios

Los dos primeros cuadernos poéticos de Gastón se editan con la ayuda de su amigo el poeta chileno Alberto Baeza Flores, quien le anima a leer a Vallejo y a Rilke, tan importantes a partir de entonces en su obra. *Poemas* recoge sus famosas "Palabras en la arena escritas por un inocente", para muchos el texto cumbre de la poesía baqueriana.

"¿Quién es ese niño que nos escribe en palabras en la arena?", se nos pregunta entre sentencias shakesparianas y sorprendentes apariciones de grandes personajes del pasado: un "bufón que hiere con las verdades", nos dirá, Rodríguez Santana, "que enloquece en su insistir inocente como testigo perpetuo de la circularidad de la historia que prefigura en la arena". Es "una reflexión sobre la provisionalidad e indefensión de los seres, inciertos en una historia que transcurre como una sucesión de sueños y que les hace

22. *Destellos*, p. 32.

irresponsables ante lo que sucede", por decirlo en síntesis de Alberto Linares Brito[23], quien evoca a su vez la impresión que a Cintio Vitier le produce un poema, "invulnerable", en el que encuentra una suerte de teleología de lo cubano.

María Zambrano lo califica en *La Cuba secreta* de poema de la contra-angustia ("antes que la angustia, la inocencia, cuyas palabras escritas y borradas en la arena permanecen sin letra, libres para quien sepa algo del misterio"), y Ballagas habla de poesía trascendente al tiempo que reconoce "esa voz poética de tono inconfundible por lo personal que va camino de la madurez más rica".

El último Baquero, crítico implacable de su propia obra, en su *Autoantología comentada*, evitará ese poema que considera "el reverso exacto de lo poético", "por teatral, excesivamente romántico y hasta patético". Recordará sin embargo con simpatía otro de los cuatro títulos recogidos en su primer cuaderno poético, "Qué pasa, qué está pasando…"

"Qué pasa, qué está pasando siempre debajo del jardín
que las rosas acuden sin descanso.
Qué está pasando siempre bajo ese oscuro espejo
donde nada se oculta ni disuelve.
Qué pasa, qué está pasando, siempre debajo de la sombra
que las rosas perecen y renacen."

Mencionando estos primeros versos del poema se pregunta cómo de ese limo, de esa tierra tan oscura, brota esa rosa tan maravillosa. De nuevo ante el misterio, ante el milagro de la naturaleza, fabricando la criatura perfecta, la rosa, a la que volverá una y otra vez a lo largo de su obra.

Gastón relativizará la aparición de sus primeros cuadernos poéticos pues nunca le convenció "la idea de recoger

23. Gastón Baquero: *Primeros poemas (1936-1945)*. Preliminar y compilación de Alberto Linares Brito. Ateneo de la Laguna, 2001.Tenerife.

los poemas en libro. El libro –añadía- siempre tiene algo de sepulcro. El poema debe vivir de una manera más libre, por eso he preferido la publicación de textos sueltos por aquí y por allá"[24].

Periodista de prestigio

El brillante redactor jefe del *Diario* es requerido como conferenciante en numerosos foros, tanto dentro como fuera del país. "Lo más impresionante de su persona –evoca Cintio Vitier-, junto a cierta flexible majestad inherente a su estatura, era el tono profundo, acompañante, de su voz, en la que parecían representados a la vez el dibujo de los labios y lo escultórico de las cuencas de sus ojos. Aquella voz tenía el peso de la inteligencia y la sensibilidad". A Vitier le impresiona la voz de Baquero como a este le impresionaba la de Juan Ramón.

A los treinta y pocos años Gastón Baquero es, *malgré lui*, un triunfador, término que siempre le parecería odioso. Viaja a varios países iberoamericanos y en 1947, centenario de Cervantes, participa en el congreso de Madrid. Su original ponencia versa sobre "Sancho como esteta". Conocerá a Farinelli y a José Vasconcelos, tan afín en su idea de la América española y su vital mestizaje.

En 1948 aparece en La Habana su primera recopilación de ensayos. *Ensayos*, sencillamente así titula el libro, coincide con la publicación de *Diez poetas cubanos*, la famosa antología de Vitier sobre su generación. Los poemas de Baquero ocupan más espacio que los de sus compañeros y entre los seleccionados figura "Testamento del pez", escalofriante y visionaria elegía.

Muchos de los artículos de Gastón, trate el tema que trate, suelen tener un carácter entre reflexivo y lírico, que los

24. *Entrevistas*, pp. 48-49.

emparenta con el ensayo; por ello esta primera colección de ensayos sale en parte de sus colaboraciones en la prensa. Su ensayística se va a centrar fundamentalmente, ya desde su arranque, en la nacionalidad cubana e hispanoamericana, en las grandes figuras históricas que contribuyeron a la conformación del nuevo mundo, en los escritores y poetas importantes en y para su obra, en la poesía y la espiritualidad, como sucederá en el ensayo antes citado, "La poesía como reconstrucción de los dioses y del mundo", donde desarrolla la tesis de la necesaria reaparición de Dios en la poesía contemporánea.

En 1950 se edita su conferencia "El periodismo como espejo de nuestro tiempo", pronunciada en la Escuela profesional de periodismo de La Habana. Su dedicación a la prensa es, en esta nueva década, absoluta. Apenas hay tiempo para la literatura. Es requerido para presidir numerosas asociaciones benéficas y culturales, entre ellas la Academia Nacional de Artes y Letras o la Asamblea de Institutos Interamericanos de Cultura, por sólo citar un par de ejemplos.

Las convulsiones sociopolíticas del mundo en la década de los cincuenta y las de su país en particular, multiplican los artículos de Baquero donde advierte de los peligros del comunismo como falsa solución a las injusticias sociales que agobian la América hispana. Fulgencio Batista propone al reconocido periodista encabezar un nuevo Ministerio de Información. Gastón Baquero no acepta el cargo; pero poco después el general, preocupado siempre por mostrar ciertas formas democráticas que le ayudasen a difuminar su imagen de golpista, diseña un Consejo consultivo en el que participan 80 miembros: estará entre ellos Baquero que en esta ocasión no puede rechazar la oferta batistiana. Es consciente de que formar parte del Consejo lo convierte en blanco de las más diversas y aceradas críticas. En respuesta a los furibundos ataques del historiador Orestes Ferrara, publica en el *Diario* una carta abierta en la que, tras reconocer haber "tenido la debilidad de aceptar (la) invitación del presidente Batista para trabajar en el Consejo", expone con claridad lo fácil que resulta criticar cuando no se asume ninguna responsabilidad; lo difícil es, por el contrario, ejercer la crítica sobre el gobierno, desde el propio órgano consultivo, tal como él demuestra en dicho documento. Al final de la carta, en puertas de nuevas elecciones, propone celebrar "ese tiempo de paz, esa nueva tregua que nos da el cielo, en asegurarles el pan a los cubanos, y en afinar el sentimiento de equilibrio entre los derechos y las obligaciones, (tal como) debe ser la democracia"[25].

La nueva ley de alquileres, las manifestaciones públicas, la vivienda rural, los derechos humanos, el racismo, son asuntos recurrentes en los artículos de un Baquero que no teme expresar sus ideas cristianas en pos de una equidad y justicia social en el marco de la dictadura batistiana.

Los viajes al extranjero no cesan: México, Colombia, Argentina, Estados Unidos, Santo Domingo, Jamaica, y ya, entre las visitas a Europa, media docena de viajes a una España que muy pronto va a ser su segunda patria.

Los fines de semana se suele retirar a la hermosa villa que ha adquirido en Santa María del Rosario, el bello pueblo de la campiña habanera que luego acogerá a la fundación Chacón y Calvo. Siempre generoso, recibe a numerosos intelectuales y artistas que visitan la isla, entre ellos al novelista José Luis Castillo Puche, quien lo recordaba como a "un tipo fenomenal, cubanísimo en todo y de una cultura que parecía no tener límites (…) Un mulatazo de una gran estatura, muy buen porte y una elegancia poco frecuente. Sus gustos, sus movimientos, su forma de actuar en

---

25. *Destellos*, p. 76.

todo era muy aristocrática, pero a la vez muy llana. Había que contar con él para todo en Cuba. Ejercía una influencia vital sobre toda la vida cultural del país. Irradiaba sensibilidad, pero también ese destello deslumbrante que proviene de una posición influyente, de la cual no hacía ostentación alguna. Era un Señor, un Caballero dotado con todo lo que se puede aspirar"[26].

Cuando al cabo de los años, en la primavera de 1993, tuve el honor de conducirlo a la habitación del hotel donde se alojaba Dulce María Loynaz en vísperas de la entrega del Premio Cervantes 1992, feliz como un niño con el traje nuevo por el reconocimiento otorgado a su colega, lo primero que dijo la autora al ver a Gastón fue: "Aquí tenemos a Gastón Baquero, todo un caballero".

El 1 de enero de 1959 se proclama el triunfo de la revolución y nuestro caballero, tildado poco después por el Ché de "vocero de la reacción", debe extremar todo tipo de precauciones. Su residencia de Santa María del Rosario es asaltada por un grupo de presuntos intelectuales cubanos armados, entre los que se encuentra Guillermo Cabrera Infante. La extraordinaria colección de cuadros de los más notables pintores cubanos del momento es expoliada. Sus cuentas bancarias, retenidas. Pese a todo, acude diariamente al periódico. El director debe darle el sueldo en mano. El coche de Baquero es blanco de tomates y huevos podridos, cuando no además apedreado. A finales de marzo la situación se hace insostenible. Se vigilan todos sus pasos. Amigos de varias embajadas se prestan a concederle asilo y el 23 de marzo el embajador de Ecuador lo llama al periódico rogándole que se dirija de inmediato al aeropuerto, con lo puesto, donde lo espera con un pasaje para Quito. Van a buscarlo al periódico –nos precisa Díaz-Díaz- los embajadores

---

26. Ibidem, pp. 108-109.

de Colombia, Perú y Chile. Apenas tiene unos minutos para sostener una breve conversación con su madre –la casa del Vedado también está tomada- quien prudentemente simula hablar con otra persona.

"Al llegar a Quito me encuentro con un coche oficial enviado por el Presidente de la República. Me entrevisté con él. Me ofreció un puesto en el gobierno y que me quedara en Ecuador. Yo se lo agradecí mucho, pero ya que había tenido que abandonar Cuba, soñaba con venirme a España, de donde no he vuelto a salir jamás"[27].

El 19 de abril de 1959, el *Diario* publica una carta de despedida enviada por Gastón Baquero desde Madrid. "Las personas de nuestra manera de pensar –escribe- nos veíamos cada día más arrojadas a un callejón sin salida. Estábamos contra el crimen o la violencia, pero no podíamos irnos con la revolución. Comprendíamos que ya la tragedia cubana avanzaba con violencia arrasadora y que no tenía nada que hacer la voz del periodista, y menos si este pertenecía a la ideología conservadora". Ante semejante situación, concluye, "cabe la adaptación sinuosa, o el combate. Aquella es innoble y este es absurdo".

Unos meses después, en 1960, se cierra *El Diario de la Marina*, uno de los periódicos más antiguos de América.

De La Habana a Madrid

Gastón se aloja al llegar a España en el Colegio Mayor Nuestra Señora de Guadalupe y prodiga, en esta su segunda vida, las colaboraciones en la prensa diaria y las revistas españolas. *ABC*, *Mundo Hispánico*, *Papeles de Son Armadans* son sus primeras tribunas. Intenta obtener una beca

---

27. Ibidem, p. 115.

del Instituto de Cultura Hispánica y, como no se le permite seguir en la residencia estudiantil, deambula por varias pensiones hasta que en el verano puede alojarse temporalmente en un apartamento, al lado del barrio de Argüelles. Tras pasar varios años en General Mola 3, ahora Príncipe de Vergara, en 1971 se establecerá en el bajo de Antonio Acuña 5, también muy cerca del parque del Retiro, hasta que, no pudiendo valerse por sí mismo, termina su periplo madrileño en la residencia de la tercera edad de Alcobendas, al norte de la capital, que ahora lleva su nombre.

Estos tiempos de penuria no ensombrecen su lucidez y el 14 de mayo de 1960 publica en *La vanguardia*, otra de sus tribunas, un artículo en el que demuestra el apoyo que la revolución castrista recibe de los Estados Unidos, relativizando con ello el triunfo del pequeño David frente al poderoso Goliat. Nos recuerda Baquero al respecto que el gobierno de Batista había abierto la economía de la isla a otras fronteras distintas a las estadounidenses (construcción del túnel de la bahía de La Habana por una compañía francesa que fue pagada con azúcar cubano, varias operaciones comerciales propiciadas por tratados con Alemania occidental, acuerdos con Hungría y otros países del telón de acero, etc.), con el fin de permitir a Cuba comerciar con países cuya moneda no fuera tan fuerte como el dólar. De este modo se logró una mayor expansión de la economía cubana, supeditada en las últimas décadas al Imperio. En consecuencia EEUU no solo dejó de proteger a Batista sino también permitió que importantes reservas de armas de la base de Guantánamo fueran a parar, "misteriosamente", a manos de los rebeldes. Por otra parte la prensa y los medios audiovisuales norteamericanos aparecían por Sierra Maestra sin ningún tipo de obstáculo, posiblemente en helicópteros salidos de la base naval, contribuyendo con ello a publicitar la imagen de los barbudos como los grandes héroes de nuestro tiempo.

En su *Guerra de guerrillas* el Ché señaló que "Gastón Baquero había apuntado con línea certera lo que pasaría y se había retirado a las más tranquilas aguas de la dictadura franquista"[28]. Sin embargo el encaje de Baquero en esas presuntas aguas tranquilas resulta más bien complicado. Buena parte de la intelectualidad española babea con los barbudos y cree que Baquero es un reaccionario, un "gusano". El régimen franquista, que nunca cortó relaciones diplomáticas con la Cuba castrista, no ve por su parte con buenos ojos a un poeta negro y, por si fuera poco, homosexual.

Ya en la España de finales de los 50 era difícil conseguir un trabajo si no se era joven. Parece ser que Gastón, por ese motivo, se quita cuatro años aprovechando que la fecha de asiento del poeta en el registro civil no se produjo hasta el 20 de febrero de 1918. Rodríguez Santana, en el estudio que precede a su antología, nos aclaró debidamente el asunto.

Carlos Espinosa le preguntaba en el libro de *Entrevistas* por sus primeros años en España y Gastón, quitándose importancia, le respondía que "fueron tan penosos y difíciles como pudieron serlo para cualquier otro (…) Pero me encontré con personas comprensivas que me abrieron las puertas y los brazos. Por ejemplo en el ICI (sic) me acogieron muy bien desde el primer momento. En el propio año 59, Rafael Montesinos me invitó a su tertulia literaria, etc. (…) Y encontré, en resumen, ese calor de acogida. José García Nieto, Antonio Manuel Campoy y Luis Jiménez Mendoza, son tres nombres que no quiero olvidar". Ya al final de la entrevista se interesa por lo que el poeta siente tras treinta y cinco años de exilio: "No lo siento como una

---

28. Ernesto Guevara: *La guerra de guerrillas*. Ciencias Sociales, 1960. La Habana.

extrañeza –explicaba. Es sencillamente un estatus. Te repito una vez más la frase de Séneca: puede ser norte, sur, este u oeste, pero en cualquier punto del planeta en que uno se encuentre, está a la misma distancia de las estrellas". De hecho en España va a desarrollar el grueso de su obra poética, que pronto pasaremos a comentar, y una gran parte de su enorme trabajo ensayístico.

Los apuros económicos de Baquero se mitigan en parte cuando José Romeu de Armas le consigue trabajo en el Instituto de Cultura Hispánica. Después, gracias a la mediación de Gerardo Diego, buen amigo, entra en Radio Nacional de España. También podrá trabajar como profesor en la Escuela de Periodismo de la Iglesia donde impartirá la asignatura de Literatura e Historia Hispanoamericana.

Vuelta a la poesía y al ensayo

La pérdida de los innumerables compromisos y responsabilidades que había adquirido en sus últimos años cubanos, le proporciona, una vez ganado modestamente el pan, disponer de algún tiempo libre, y vuelve a la poesía. Así en el n° 127 de *Cuadernos Hispanoamericanos* (julio de 1960) aparecen sus *Poemas escritos en España*. Un año después el Instituto de Cultura Hispánica, en su colección Nuevo Mundo, edita *Escritores hispanoamericanos de hoy*, una recopilación de las charlas literarias que realizaba para Radio Nacional.

Los diarios *Arriba*, *Ya*, *Informaciones* y *Pueblo* son nuevas tribunas para los artículos de Gastón. En *Pueblo* publica una serie de artículos centrados en el racismo. En "¿Qué tal si nos hubiéramos quedado con los ingleses?", donde nos recuerda el bicentenario de la toma de La Habana en 1762 (apenas estuvieron un año). Tras advertirnos de que "las colonias inglesas sólo son buenas para los ingleses", comenta que "Cuando oigo a un cubano decir que nuestras desdichas provienen de que los ingleses no se quedaron en la isla en 1763, lo miro con la misma compasión que guardo al que me dice que el mejor destino de Cuba es llegar a ser un estado de la Unión Americana. ¿Para qué renegar de las raíces, por qué tener miedo a ser lo que se es? Yo doy gracias a Dios todos los días porque en el reparto de Isabeles a nosotros nos tocó la Católica y no la otra. Isabel la Católica fue nuestra abuela, nuestra madre, no nuestra reina en el sentido imperialista y explotador del término. Si, por desgracia, nos hubiera tocado Isabel de Inglaterra, yo, a título de privilegiado, sería ahora segundo portero de un club de golf en Bermudas. Ya me veo con unos pantalones rojos abombachados, con un enorme sombrero y una sombrilla gigantesca, abriendo y cerrando coches de lores catarrientos y ladies delgadísimas y enjoyadas. Té y reverencias. Whisky y disciplina. Patadas en el fondillo. ¡Prefiero mil veces la apasionada individualidad española, el carácter anárquico, la digna imposición de la independencia personal, el arrogante "me da la gana", que convierte a cada hombre en un rey y a cada decisión en un mandato!"[29].

Observará el lector, apenas repase el comienzo de este significativo texto, la estúpida acusación que se le hacía a Baquero de pertenecer a la gusanera de Miami, así como su profundo agradecimiento, encarnado ahora en Isabel la Católica, por la huella española dejada en América.

La actividad de Baquero como articulista y conferenciante, su amplia labor pedagógica como incansable defensor de la cultura hispanoamericana, le hacen acreedor del premio Fraternidad Hispánica. *ABC*, *Blanco y negro* y otras publicaciones celebran el premio otorgado a su colaborador. Se le organiza un homenaje en el Instituto de Cultura

---

29. *Indios*, p. 158.

Hispánica y, su presidente, Gregorio Marañón Moya, destaca la calidad literaria y humana de Gastón, quien, a su vez, en el discurso de agradecimiento, vuelve al tema de las Isabeles y alude a su no lejana visita a Jamaica donde sintió "la diferencia gigantesca entre el ser humano creado por España en las tierras de América a partir del siglo XVI, y el ser que veía en Jamaica en pleno siglo XX".

Memorial de un testigo

En 1966 publica su ensayo *Estado actual de la Comunidad Hispánica de Naciones* y *Memorial de un testigo*, libro fundamental en la trayectoria poética de Baquero. Como sucedía en "Las palabras escritas en la arena por un inocente" el sueño enlaza con lo cotidiano, la imaginación con la razón. Hace que convivan en el espacio del poema personajes tan alejados en el tiempo y tan diversos como Bach, Napoleón, Whitman, Rafael, Schubert, Fra Angélico, Rilke, Vivaldi o la reina Cristina de Suecia, como antes, en sus "Palabras", lo hicieran David, Ciro, Aristóteles, Darío, Julio César, Cleopatra, Constantino o Juliano el Apóstata; personajes del pasado que mitigan su "aterradora" soledad, por usar el adjetivo que emplea Guillermo Díaz Plaja en la elogiosa reseña que acoge un libro que, pese a su enorme calidad, pasa casi de puntillas por la actualidad literaria española.

"En 1966 –escribirá después Francisco Brines- apareció su memorable *Memorial de un testigo*, un libro que semejara un ave, cuyo vuelo fuese la presencia no sólo de las cuatro estaciones sino del Tiempo en sí mismo, y que tensaba un alta ala, cuyo nombre era Fantasía (que nos traía la perdida felicidad de la Infancia) y otra que se inclinaba con un dejo de elegancia y cuyo nombre era Pesadumbre (y nos dejaba en las lindes del difícil Misterio)"[30].

---

30. Francisco Brines: "Mis encuentros con Gastón Baquero", en apéndice

"Yo estaba allí", nos señala al inicio del poema que encabeza y da título al libro. "Cuando Juan Sebastián comenzó
a escribir la Cantata del café / yo estaba allí: / llevaba sobre
sus hombros, con la punta de los dedos, / el compás de la
zarabanda", rezan los primeros versos.

El yo retórico atravesando el tiempo en un himno a la
imaginación que le permite traspasar los límites. El yo imaginado que protagoniza muchos de los poemas de un Baquero que desdeñaba lo autobiográfico, aunque reconociera
que "la tragedia de la inteligencia es que siempre escribimos
nuestra autobiografía". Desdeña lo autobiográfico porque
"la gente lee poesía como si fuera un acta notarial, y no hay
manera de que se detengan en el poema: van al argumento,
en busca de confesiones, de chismes posibles, de tonterías",
y sentencia: "Poesía es lo que no está"[31].

En otra ocasión, precisará: "Todo lo personal me parece poéticamente trivial". Heberto Padilla abunda en ello al
afirmar que en la poesía de Baquero "nunca podremos conocer sus pasiones, sus alegrías, sus miedos, porque eso los
reserva a sus personajes, que, como en T. S. Eliot, hablan
siempre desde el fondo de escena". Y Linares Brito añade que su poesía se nos ofrece "encubierta por un pudor
autobiográfico que arrastra las imágenes hasta lo críptico,
incluso. Nada hay de rastro personal porque el yo poético
–concluye- adopta la figura simbólica del inesperado, del
extranjero"[32].

---

antología de Rodríguez Santana, p. 364. Asimismo José Olivio Jiménez se
ocupa muy positivamente del libro en "La última poesía de Gastón Baquero:
sobre *Memorial de un testigo*", en *Diez años de poesía española* (1960-1970),
Insula, Madrid.

31. *Conversación*, p. 40.
32. *Primeros poemas*, p. 15.

Vasos comunicantes

La poesía lo lleva al ensayo, y a la inversa. En 1969 aparece en Editora Nacional un título clave en su obra ensayística: *Darío, Cernuda y otros temas poéticos*. Ambos géneros se retroalimentan a lo largo de su trayectoria creativa.

En esta colección asienta su magisterio estableciendo su poética en ensayos tan preclaros como "La poesía de cada tiempo", "La poesía como problema" y la otras veces citada "La poesía como reconstrucción de los dioses y del mundo". También en "Eternidad de Juan Ramón Jiménez", "Significación de T. S. Eliot" (tan importante en su obra) y en los textos sobre Rubén Darío, Cernuda, Saint-John Perse y César Vallejo.

En "La poesía como problema", título algo desafortunado pues la poesía se nos presenta más bien como solución a los problemas de nuestro mundo cuando, por ejemplo, proclama "la grandeza eminentemente social de la poesía, es decir, la grandeza de una comunicación y de una confesión profunda de lo humano, trascendiendo la peripecia visible y descubriendo las entrañas de lo que se aproxima" (…) "Hoy –resalta- la poesía es útil de nuevo".

Pone luego en evidencia la lamentable confusión que suele producirse al identificar poesía con sentimentalismo, torpeza tan frecuente en Hispanoamérica. La tarea poética, por el contrario, "es nada menos que la más alta y difícil posibilidad de comunicación del hombre no religioso con lo sagrado, entendiendo por lo sagrado desde el hecho de vivir, de sentirse vivo, hasta el misterio de los objetos y hechos cotidianos". La poesía se encarga siempre de "recordarnos que somos un misterio, una rara sustancia, o ligada a otra superior, o abyectamente condenada al vacío" pues es "un acto sacratizador", cuya finalidad consiste en "lavar los ojos del hombre de la costra echada en ellos por el hábito, por la costumbre".

En "La poesía de cada tiempo" vuelve a uno de sus temas preferidos, la poesía como ritmo, como música. "El hombre es sonoro, como es sonora la estrella", nos dice. La palabra es "una idea que suena"; la estatua, "un acorde petrificado"; el cuadro, "una reducción cromática y lineal de un movimiento sinfónico". "Y cuando fallan estas inclusiones de lo musical en cualquiera de las expresiones elegidas, falla la obra de arte". Más adelante afirmará que "es la melodía la que permite fundar una arquitectura verbal, construir el pequeño palacio-cárcel de la realidad que es el poema". Pero no hay que confundir esa melodía "con la medición, con la métrica, con las normas de literatura preceptiva" pues durante mucho tiempo por desgracia "la poesía como creación fue sustituida por la poesía como construcción mecánica". Así se consideró poemas a "cosas" tan antipoéticas como las correctamente medidas alocuciones de los infinitos Núñez y Campoamores que en el mundo han sido".

Frente a tales versificadores, "un San Juan de la Cruz, que "suena" poco, ¡qué música tan honda tiene!" Ese es el modelo. El que rechaza "toda amarra métrica verbal, todo lastre, a fin de que el oído se sienta libre". El que propone "una forma abierta, fluente, libérrima, con poderosa música metida en el ser interior del poema mismo", pues "sólo el hombre plenamente libre puede cantar la libertad"[33].

Rimbaud ansiaba la "libertad libre" y Baquero siempre perseguirá esa libertad, como creador y como ser humano.

Paradojas de la historia: A principios de 1969 el diario *El Alcázar* publica un editorial, "La revolución impuesta", que viene a justificar el triunfo del castrismo. Baquero envía de inmediato al periódico una carta de desacuerdo donde detalla la situación cubana y desmonta las opiniones del edito-

33. Ambos en *Ensayo*, pp. 42-51.

rial. Dicho documento se convierte en la primera colaboración del escritor en el periódico.

Refiriéndose a Castro, escribe: "Haciendo de este hombre una víctima del yanqui y, sobre todo, presentando la cuestión como una simple alternativa: o Castro o Estados Unidos, se está de antemano indicándole a la opinión pública española que el camino a seguir es Castro". Con respecto a las carencias por las que pasa el pueblo cubano señala que "el pueblo de Cuba pasa hambre porque su Gobierno, exportador de revoluciones *ad majorem Castre gloriam*, invierte cuanto gana en pagar la expansión de la revolución en el mundo". Llegamos con ello al bloqueo, "tópico favorito de Castro y de los castristas españoles": "Lo cómico de esto –resalta- consiste en que España es precisamente el país que sabe mejor que nadie lo que es un verdadero bloqueo, porque lo padeció en Cuba en 1898. Pero ¿es bloqueo el mar libre, por donde entran y salen cuantos barcos rusos, ingleses, canadienses, etcétera, que quieren comerciar con Cuba?".

Meses después, en junio del 69, y en la misma tribuna, publica su artículo "En la muerte de un escritor desesperado", recordatorio del triste suicidio de Calvert Casey, exilado en Roma. Al final dc sus días, Baquero responde a Nial Binns, cuando este se interesa por el peso del destierro en su obra poética: "El exilio, visto del lado político, es una enfermedad, una ruptura con la realidad ya asimilada. Pero yo soy exiliado de otro ámbito, no sólo de Cuba. Siempre me he sentido como un extraño en el mundo, exiliado de la naturaleza física tan incompleta e indiferente, que tanto nos desprecia e ignora. Nacemos prisioneros de un país, de una lengua, de una cultura, de un momento político, de tantas cosas, de tantas prisiones. Sólo nos salva la imaginación. Sólo por la poesía se libera el hombre"[34].

_____

34. *Entrevistas*, p. 87.

En otro de sus artículos en *El Alcázar*, que titula "¿Podemos elogiar a los comunistas?", publicado el 27 de agosto de 1970, se pregunta: "¿Puede un anticomunista elogiar la obra literaria, artística o científica de un comunista? Mi respuesta no sólo es que sí, sino que además me parece una torpe pregunta, porque suponer que la ideología política de uno puede llevarlo a desconocer los méritos que pueda tener la obra hecha por alguien de otra ideología es pura y simplemente barbarie, intolerancia, cerrilidad".

Este artículo lo escribe por cierto debido a la virulenta reacción de algunos compatriotas por participar en un curso sobre novela hispanoamericana donde analiza la obra de Arguedas y de Carpentier. Sobran los comentarios.

En 1973 coordina *La enciclopedia de Cuba* que se edita en San Juan de Puerto Rico y redacta varios de sus capítulos. Su "Gertrudis Gómez de Avellaneda" aparece en la Fundación Universitaria Española un año después.

Los recelos hacia la figura de Baquero se multiplican en la transición democrática. En 1977 comunica a Castillo-Puche, que dirige *Mundo Hispánico*, su decisión de abandonar la revista ante el ambiente hostil que le rodea. La pensión que le queda es ridícula y prosigue su colaboración con Radio Exterior de España, donde se ocupa de todo lo relacionado con Hispanoamérica. Prodiga sus colaboraciones periodísticas y participa en diversos cursos y conferencias. A finales de 1980 inicia sus colaboraciones en el suplemento en español del *Miami Herald*, lo que alivia un poco su maltrecha economía. Después se le cierran muchas puertas en los primeros años de gobierno del Partido Socialista, afecto en un principio al castrismo.

Magias e invenciones

Como ha pasado en otros momentos de crisis, vuelve a la poesía y en 1984 aparece, en Ediciones de Cultura Hispánica, casi toda la obra anterior y 32 nuevos poemas bajo el título de *Magias e invenciones*. En el preámbulo de este libro fundamental, "Al final del camino", nos dice: "Uno tendría que tener el valor de quedarse con dos o tres poemas, los que considere más representativos de la intención, del propósito que persiguió o del instinto que llevó a escribirlos". Instinto, conviene resaltar ese término. Nos confiesa luego que, aunque siempre creyó hacer una poesía de la inteligencia, se encontró finalmente con una poesía del desconcierto. "Y ahora caigo en la cuenta de que no he hecho en la vida otra cosa que preguntar, y reproducir después lo que me ha parecido ser la respuesta". Dar existencia a lo tenido hasta ese momento por inexistente, esa es –para él- la función mayéutica de la poesía. Y a modo de colofón: "Lo único que me ha interesado en este viaje hacia el morir que es estar vivo, es inventar, fabular, imaginarle a una realidad cualquiera la parte –el completo- que creía le faltaba. No ignoro la soberbia que hay en esto, pero la soberbia cs también un instinto indomable".

La aparición de *Magias e invenciones* coincidirá con sus setenta años y, tras agradecer a las instituciones la publicación de sus poemas ("para que queden recogidos cuando muera"), evoca a Francisco Brines, "que encarna a la perfección la gentileza de los poetas españoles" con mi poesía.

Estamos ante su testamento poético, que, afortunadamente, no terminará aquí pues a principios de los noventa el viejo árbol dará nuevos frutos.

El primer poema de la colección es un soneto que titula "Retrato":

"Ese pobre señor, gordo y herido,
que lleva mariposas en los hombros
oculta tras la risa y el olvido
 la pesadumbre de todos los escombros.

Él dice que lo tiene merecido
porque aceptó vivir, que no hay asombro
en flotar como un pez muerto y podrido
con la cruz del vivir sobre los hombros.

Cenizas esparcidas en la luna
quiere que sean las suyas cuando eleve
su máscara de hoy. No deja huellas.

Sólo quiere una cosa, sólo una:
descubrir el sendero que lo lleve
a hundirse para siempre en las estrellas."

Antes hablaba, con la habitual exigencia que se aplicaba a sí mismo (no a los demás), de que sólo salvaría dos o tres poemas de su obra. Uno de ellos –confesaba a Rodríguez Santana- sería "Marcel Proust pasea en barca por la bahía de Corinto" donde imagina los últimos días de la vida de Anaximandro quien "descubre la solución del enigma del tiempo" mientras cobija su ancianidad en la belleza de las muchachas de Corinto:

"sentábase en medio de ellas a oír sus gorjeos, a observar la / delicada geometría de aquellas rodillas de color de trigo, / a atisbar alguna fugitiva paloma de rosado plumaje, / volando bajo el puente de los hombros" (…) "como un cisne navegaba cada día entre las nubes de la belleza, / y permanecía; / estaba allí, dentro y fuera del tiempo, paladeando lentos sorbitos / de eternidad, con el ronroneo del gato junto a la estufa".

Un día, un hombrecito asmático, de blanco, con el sombrero de paja encintado de rojo, rema denodadamente hacia el corazón de la bahía, donde se divisa la azulada sombrilla del filósofo. Anaximandro lo ve y sonríe.

"Esa noche, poco antes de irse a dormir, / Marcel Proust gritaba exaltado desde su habitación: / "Madre, tráigame más papel, traiga todo el papel que pueda. / Voy a comenzar un nuevo capítulo de mi obra. / Voy a titularlo: 'A la sombra de las muchachas en flor'".

El 26 de diciembre de 1994 Prats Sariol pronunciará en el Aula Magna de la Universidad de La Habana la primera conferencia sobre la obra de Gastón Baquero tras la llegada de la revolución. El texto elegido para ilustrar la hermosa complejidad de la poesía baqueriana es el paseo en barca de Marcel Proust por la bahía de Corinto. Tengo la fortuna de asistir al acto.

Últimos y sabrosos frutos

En 1991 ese matrimonio baqueriano estable entre la poesía y el ensayo da frutos de nuevo con *Poemas invisibles* e *Indios, blancos y negros en el caldero de América*. No cito sus ensayos menores, sus antologías de otros poemas, los numerosísimos prólogos que le solicitan y escribe pues la relación sería interminable.

El adjetivo añadido a su ya última entrega lírica rezuma fina ironía pues adivina para ellos "el mismo destino limbal que tuvieron sus hermanos". Baquero es también un "poeta de poetas" y es consciente de que se escribe para muchos pero se publica para pocos. "Pensaba colocar al frente de esta recopilación –prosigue- el verso altanero y envidiado de Lope: me basta con que escuchen las estrellas".

Al frente de esta pequeña pero admirable recopilación introduce una dedicatoria para los pinos nuevos: "A los muchachos y muchachas nacidos con pasión por la poesía en cualquier sitio de la plural geografía de Cuba, la de dentro de la Isla y la de fuera de ella".

Borrar las fronteras, que los cubanos de dentro y de fuera se reconozcan, participen del mismo amor a la patria y su cultura, esa fue siempre la meta de Baquero, reduplicada, si cabe, en sus últimos años.

Dedicatoria que cierra con la inolvidable cita de Borges: "No he recobrado tu cercanía, mi patria, pero ya tengo tus estrellas".

Poemas invisibles, editado en Verbum, es quizá el libro de Baquero donde deja algo más abierta la espita de la emoción, habitualmente contenida en él. Ejemplo de lo dicho son las extraordinarias elegías dedicadas a Vallejo ("Con Vallejo en París –mientras llueve") y Federico ("Himno y escena del poeta en las calles de La Habana"). Vuelven sus ricas e ingeniosas invenciones histórico-culturales, como "Oscar Wilde dicta en Montmartre a Toulouse-Lautrec la receta del cocktail bebido la noche antes en el salón de Sarah Bernhartd" o "Manuela Sáenz baila con Giuseppe Garibaldi el rigodón final de la existencia", y cierra la colección con un "Epitafio para María Kodama", "el invento póstumo / de Jorge Luis Borges", "el jardinero japonés que un día, / desesperado de soledad, / engendró a María Kodama".

Pero aún nos ofrece un regalo final, sus "Moneditas halladas en el último rincón del chaleco"; entre ellas el bello hasta pronto a su desaparecido amigo Rafael Marquina y la reelaboración de su viejo poema "Ciervo herido".

Encabeza su última gran recopilación de ensayos, ese caldero americano donde se mezclan indios, blancos y negros, con el introito "El autodescubrimiento de América". Repárese bien en ese título pues Baquero, en vísperas del Quinto Centenario, cree que "lo más urgente y útil es el autodescubrimiento de América por los hispanoamericanos mismos". ¿Cómo conseguirlo? Con la relectura de su historia sin prejuicios ideológicos ni racistas, siendo conscientes de que el hombre nuevo surge de esa hervidura: "ha de salir un sistema de sociedad donde queden abolidos todos los privilegios de raza y de casta". Quien lo proclama "se considera a sí mismo como hispanoamericano integral: un mestizo en todos los sentidos y en todos sus sentidos. Mestizo por fuera y por dentro".

El drama actual de Hispanoamérica radica en que "la Independencia no produjo cambio algunos en las viejas estructuras", por lo que se impone "el gran cambio que está en camino" y que "implicará también la desaparición de las causas del racismo, que es una plaga nacida del matrimonio del hombre con el miedo".

Propuesta que nace "de amar a Hispanoamérica y a España más allá de las razas, de las situaciones sociales y de los fanatismos políticos y religiosos", a través de un "optimismo a largo alcance".

Los cuatro primeros apartados del libro están centrados en el mentado autodescubrimiento, en el racismo, la desunión de América y una amplia galería de nombres hispanoamericanos, que van de Bolívar, Martí o Maceo, a Unamuno, Borges o Menéndez Pidal, pasando por Cortés, las Casas y un largo y sabroso etcétera.

Colofón de este libro admirable es el apartado "Por el hilo se saca el ovillo", miscelánea en la que predominan autores contemporáneos por los que siente especial empatía.

En 1992 publica en Signos su bellísima *Autoantología* poética. En el prólogo relativiza cualquier tipo de selección de 'mejores poemas', más aún si la hace el autor, para llegar a la conclusión de que los elegidos no son ni los mejores ni los favoritos sino "los que representan mi pequeño e inútil guerrear contra el caos de la existencia".

Reúne en la primera sección los 'poemas impersonales'. Los llama así "por verlos con sólo poesía por dentro". Nueve son los elegidos: entre ellos, "Memorial de un testigo", el paseo proustiano, "Brandeburgo 1526" o "Saúl sobre su espada". La segunda consta de catorce y porta el genérico de 'poemas personalizados', pues "nacieron motivados por una experiencia personal, mía o ajena". Están entre estos "Los lunes me llamaba Nicanor", "El poema" (el maravilloso y mágico texto que inicia este ensayo biográfico), "Invitación a Kenia" o "Testamento del pez", que cierra el libro. Unos y otros presentan, tras su título, un asterisco que nos remite a una pieza musical que sirve para "sugerir, como el marco para el cuadro", la obra que a su juicio "enriquece y descubre el poema".

Hay un comentario final donde explica por qué deja fuera sus ponderadas "Palabras". "Lo patético, lo llorón, lo afligido y efectivo, es para mí el reverso exacto de lo poético". Comenta que no se dio cuenta, al escribir tan celebrado poema, de que "había incurrido en el peor pecado en materia de poesía, como es el sentimentalismo". Aclara seguidamente que "no ser sentimental no quiere decir que no se tengan sentimientos" sino que "la dignidad del pensamiento, el decoro de la inteligencia, imponen al escritor la obligación de ser él quien gobierne sus nervios, no sus nervios quienes lo dominen".

Su adorado Mozart es justo lo opuesto, "el último modelo del antisentimentalismo y del patetismo, antes de la revolución estética del siglo XX". En ella se va a inscribir la obra del propio Baquero.

A finales de 1992 y en La Habana, mi amigo y medio vecino Eliseo Diego, con quien solía quedar por la noche una vez por semana para conversar sin mirar jamás al reloj, me entrega una carta para Baquero con el ruego de que se la hiciera llegar por valija. Meses antes habían coincidido en la Residencia de Estudiantes después de un siglo sin verse y le acababa de llevar una carta de Gastón recibida asimismo por valija. Sirvo de intermediario, junto a Fidel Sendagorta, de ese cruce epistolar repleto de amistad y poesía desde esos días y hasta que Eliseo marche a México para ya no volver. Dos de las emocionantes cartas de Eliseo verían después la luz en la mentada antología baqueriana de Rodríguez Santana.

Baquero me remite, a principios del 93, junto a una nueva carta para Eliseo, otra para mí acompañada de su preciosa *Autoantología*, bellamente dedicada, libro que también envía a Eliseo. Encabeza su carta con estas palabras: "Amigo don Carlos: le llamo así, porque en mi condición de viejo espiritista de Mayarí he visto en su carta todo lo que (hay) detrás y dentro de las letras. Gracias. Tener lectores de lujo es mi gran lujo". Al final de la misma, tras reiterar su agradecimiento por la mediación epistolar, hace votos por que pronto podamos conocernos personalmente y anota su teléfono, dándome libertad para que lo haga conocer "a quien usted crea oportuno dárselo por ahí, porque como decimos los castellanos viejos "yo sé con quién me gasto los cuartos".

Al poco conoceré a Gastón en Madrid, con motivo de la mentada entrega del Cervantes a Dulce María. Más adelante lo visitaré en su casa. Lo recuerdo aposentado en su sillón, y como fondo de escena esas cascadas de libros que parecían caer sin fin desde el techo. El día anterior a la entrega del Cervantes, Dulce María cae enferma (leerá el discurso de recepción en su nombre Lisandro Otero) y, ya medio repuesta, debemos regresar a La Habana y por escasos días no puedo asistir al homenaje que en abril tributa a Baquero la cátedra Fray Luis de León de la Universidad de Salamanca. Desde la embajada enviamos las adhesiones y testimonios de Cintio Vitier, Fina García Marruz, Eliseo Diego, César López, Prats Sariol... Meses después se publica *Celebración de la existencia* que recoge las ponencias y testimonios de los académicos, escritores y amigos que participaron en el merecido homenaje. Lástima que tan hermosa edición fuera mancillada por la inclusión de un deleznable artículo de Francisco Umbral quien, entre otras barbaridades, dice alegrarse del reciente viaje de Baquero a Cuba, donde "ha hablado y triunfado". A partir de su precipitada y dolorosa salida de Cuba en marzo del 59, Gastón Baquero nunca pudo volver a su querida isla, ni siquiera se le permitió asistir al entierro de su adorada madre.

Encuentros fraternos

En noviembre de 1994 nos reunimos de nuevo en Madrid en el seminario *La Isla Entera*, convocado por Exteriores con motivo del cincuentenario de la revista *Orígenes* y que sirve al tiempo para homenajear a Gastón Baquero, quien va a presidir, a sus ochenta años de edad, todos y cada uno de los actos y ponencias que tendrán lugar en Casa de América y la Universidad Complutense. Tal convocatoria supone el primer encuentro en España de un numeroso grupo de escritores cubanos de la isla y del exilio, muchos de ellos viejos amigos, que el radicalismo político había separado durante décadas. Previamente a los actos oficiales se organiza, cerca de la casa de Gastón, un almuerzo fraterno.

Es la hora de los reconocimientos, de recoger los frutos sembrados incansablemente a lo largo de los años, de que se reconociera públicamente –y no sólo a nivel académico- la obra admirable de este espiritista de Mayarí, de este castellano viejo que tanto hizo por salvaguardar el legado espiritual de España en América. Se habla del Premio Reina

Sofía, antes del Príncipe de Asturias… ¿Y por qué no del Cervantes? Pocas veces nuestro máximo galardón literario hubiera encontrado percha más digna. Ni los responsables culturales ni los políticos de turno estuvieron a la altura de las circunstancias.

Uno de los frutos del seminario *La Isla Entera* fue la aparición de la revista *Encuentro de la cultura cubana*, cuyo primer número llevaría palabras de apoyo de Baquero subrayando este "nuevo intento de deslocalizar las manifestaciones y la difusión de una cultura viva que por sí misma supo situarse siempre por encima de las banderías políticas y los sectarismos estéticos y éticos de cualquier tipo".

Para 1995 prepara un libro sobre Martí que pensaba titular *Aproches a Martí* y recuperar así el uso de ese arcaísmo, 'aproches', tan español "pese a las apariencias". Quedará inédita su *Imagen total* de Andrés Bello, a quien considera el libertador intelectual de América. Sobre el libertador político y militar publicó en 1983 *Páginas españolas sobre Bolívar*, y quedará en camino el interesante ensayo que imaginaba sobre la influencia de la comida en lo que se escribe. En varias ocasiones hablará de las raíces tróficas, tal cual, de la poesía. Puesto que "en el fondo todo es química, como explicaba Severo Ochoa".

Ironizando al respecto juzgaba su obra y recordaba la "alquimia natural, no cultural" que hay en cada poema. "Es muy posible –decía a Felipe Lázaro- que en mis poemas prevalezca una dosis de azúcar que me los vuelve más sentimentales y dulzones de lo que yo quisiera (…) A mi edad me consuelo pensando que no es que yo sea cursi, es que la comida, la alimentación que recibí desde niño, era enormemente cursi e impropia para el desarrollo de la inteligencia. Mallarmé, estoy seguro, devoraba grandes cantidades de ostras. Verlaine llevaba los bolsillos llenos de cerezas"[35].

---

35. *Conversación*, pp. 47-48.

Al final del camino

Los últimos años de su vida los pasa en la residencia de mayores de Alcobendas. Rodríguez Santana señala que "parecía muy contento y seguro en aquel lugar". Díaz-Díaz opina que "fue un verdadero purgatorio para él, un infierno". Exageraciones aparte, lo cierto es que la cordialidad de Baquero, su eterna gentileza, hacía que muchas visitas se presentaran sin previo aviso. Lo visité, previa llamada telefónica, en una de mis rápidas estancias en Madrid y lo encontré bastante feliz, médicamente controlado, despreocupado de las labores domésticas. En carta a Rodríguez Santana, le comentaba: "La salud va bien, en lo que el Almanaque permite. Pero el problema es que he perdido prácticamente la imaginación". Para un creador como él, esa era la peor pérdida". Pronto la salud general se deteriora y son frecuentes los ingresos hospitalarios. Mayo lo vio nacer y ese mes lo despide. El 15 de mayo de 1997, prácticamente al tiempo que se le tributa un homenaje en el Círculo de Bellas Artes, fallece en el hospital de la Paz.

En "Al final del camino", el prólogo de *Magias e invenciones*, escribía: "En mi próxima reencarnación, si todo sale como lo tengo planificado, volveré por aquí con la inteligencia de San Agustín, el carácter de Goethe y el talento de Leonardo. Quizá entonces escriba otros poemas".

Consideraciones finales

El propósito de estas líneas ha sido evocar la persona y la obra de Gastón Baquero, en muchas ocasiones con sus propias palabras. Debo agradecer las referencias bibliográficas remitidas por Diana Aradas, autora de la tesis "Universalidad e intertextualidad en Gastón Baquero", así como las valiosas aportaciones de Efraín Rodríguez Santana, Felipe Lázaro y Manuel Díaz Martínez.

Al final de este breve ensayo biográfico pregunto a sus amigos Pío Serrano y Felipe Lázaro por el destino de la inmensa biblioteca que llenaba el piso de Antonio Acuña y también por el paradero de los restos del poeta. Me comunican que finalmente vendió sus libros cubanos a la Universidad de Miami y están catalogados en la colección que lleva su nombre de Herencia Cultural Cubana y que recoge también la mayor parte de su papelería. El resto de sus libros pasaron a la Universidad Europea de Madrid.

Fue incinerado en el cementerio de la Almudena. Sus restos pasaron a ser custodiados por Pío Serrano. Felipe Lázaro me señaló su voluntad de que se pudieran llevar sus cenizas a una Cuba democrática. Y añadía: "Creo que esparcirlas en el Malecón, leyendo 'Testamento del pez', será el mejor homenaje que se le pueda hacer".

No cabe pues más que despedir estas líneas transcribiendo la última estrofa de ese grandioso poema testamentario dedicado a su Habana:

"Quisiera ser mañana entre tus calles
una sombra cualquiera, un objeto, una estrella,
navegarte la dura superficie dejando el mar,
dejarlo con su espejo de formas moribundas,
donde nada recuerda tu existencia,
y perderme hacia ti, ciudad amada,
quedándome en tus manos recogido,
eterno pez, ojos eternos,
sintiéndote pasar por mi mirada
y perderme algún día dándome en nube y llanto,
contemplando, ciudad, desde tu cielo único y humilde

tu sombra gigantesca laborando,
en sueño y en vigilia,
en otoño, en invierno,
en medio de la verde primavera,
en la extensión radiante del verano,
en la patria sonora de los frutos,
en las luces del sol, en las sombras viajeras de los muros,
luchando febril contra la muerte,
venciéndola, ciudad, renaciendo, ciudad, en cada instante,
en tus peces de oro, tus hijos, tus estrellas".

*Este breve ensayo biográfico está dedicado a Diana,
recordando aquella tarde en que, siendo niña, jugó al
calienta manos con Gastón en Alcobendas.*

BIBLIOGRAFÍA MÍNIMA DE Y SOBRE GASTÓN BAQUERO

-Gastón Baquero: *Autoantología comentada*, Signos, Madrid, 1992.

-*Celebración de la existencia* (Homenaje a Gastón Baquero), Universidad Pontificia de Salamanca, 1994. Edición de Alfonso Ortega y Alfredo Pérez Alencart.

-*Poesía completa*, Fundación Central-Hispano, Salamanca, 1995.

-*Poesía completa*, Verbum, Madrid, 1998.

-AAVV: *Entrevistas a Gastón Baquero*, Betania, Madrid, 1998. Edición de Felipe Lázaro con Prólogo de Pedro Shimose y epílogo de Pío E. Serrano.

-Gastón Baquero. *Primeros textos (1936-1945)*, Ateneo de La Laguna, Tenerife, 2001. Preliminar y compilación de Alberto Linares Brito.

-Gastón Baquero. *La patria sonora de los frutos: antología poética*, Letras Cubanas, La Habana, 2001. Selección y prólogo de Efraín Rodríguez Santana.

-*Antología poética*, Pre-Textos, Valencia, 2002. Selección y prólogo de Francisco Brines.

-*Fabulaciones en prosa*, Fundación Banco de Santander, Madrid, 2014. Introducción y selección de Alberto Díaz-Díaz.

-*Dossier Gastón Baquero en Cuadernos Hispanoamericanos*, nº 775, enero 2015. La primera versión de *El hombre que ansiaba las estrellas* aparece en dicho número. Precisamente *Cuadernos Hispanoamericanos*, en su nº 127, julio 1960, publica *Poemas escritos en España* que supone la reaparición poética de Gastón Baquero.

Casa de Dulce María Loynaz en La Habana. Notificación oficial de la concesión del Premio Cervantes (1992). De izquierda a derecha: Miguel Arias, Manuel Iglesia-Caruncho, Dra. Aragón, Cleva Solís, Yamile Manzor, Carlos Barbáchano, Gumersindo Rico. De espalda, Doña Dulce.

APÉNDICE

Casa de José Prats Sariol en La Habana: Carlos Barbáchano, César López, Rafael Alcides, Pablo Armando Fernández, Annabelle Rodríguez,
Efraín Rodríguez Santana, Jorge Luis Arcos y José Prats Sariol.

Entrevista a Carlos Barbáchano*

"El intercambio cultural es la base del hermanamiento entre los pueblos"

Por Jorge Domingo Cuadriello

En la Universidad de Zaragoza, ciudad aragonesa donde había nacido en 1947, Carlos Barbáchano Gracia culminó la licenciatura en Filología Románica. Más tarde se graduó de licenciado en Cinematografía en la Universidad de Valladolid, donde ejerció como profesor varios años, y realizó los estudios de doctorado en las Universidades de Zaragoza y en la Complutense de Madrid. Al arribar a Cuba en misión oficial a los 42 años ya había publicado los libros *Bécquer* (Madrid, 1970), *El cine, arte e industria* (1973) y *Luis Buñuel* (1986), estos dos en Barcelona. Posteriormente publicaría un estudio sobre el cineasta Francisco Regueiro y sus traducciones de la obra de Rimbaud: *Iluminaciones* y *Una temporada en el infierno*. En el 2000 apareció impreso su ensayo *Entre cine y literatura*. Ha editado asimismo T*eoría de la novela* y *Leopoldo Alas, Clarín. Ensayos y críticas*, entre otros títulos.

Durante su estancia en nuestro país llevó a cabo una meritoria labor de animación cultural que, desdichadamente, con el transcurso del tiempo y la desmemoria de algunos ha ido cayendo en el olvido. Carlos Barbáchano también ofreció conferencias y talleres en la universidades de La Habana y Santiago, en la Casa de las Américas, en la Unión de Escritores y Artistas de Cuba y en el Instituto de Literatura y Lingüística

* Entrevista publicada en la revista *Espacio Laical* (La Habana: nº 1, 2011; págs. 81-83).

y colaboró en las revistas *Unión, La Gaceta de Cuba* y *Cine Cubano*. En 1996 regresó a España y desde entonces no ha tenido la posibilidad de venir a visitarnos. Tras impartir clases en centros docentes madrileños se reintegró al servicio exterior español y en la actualidad trabaja como Asesor Técnico de la Consejería de Educación de España en Marruecos. Desde allí ha enviado sus respuestas a nuestro cuestionario, que persigue recordar su desempeño como promotor de cultura en el ámbito cubano y renovar una necesaria manifestación de agradecimiento colectivo.

1-¿En qué circunstancias ocurrió su nombramiento como responsable del centro educativo de España, adscrito a la embajada española en Cuba? ¿Qué situación encontró en este país?

A finales de 1988, estando en misión cultural y educativa en Colombia, se me ofrece la posibilidad de trasladarme a La Habana para ocuparme de un pequeño centro educativo que sostiene un grupo de empresarios españoles radicados en Cuba y que cuenta con el apoyo de la Embajada y del Ministerio de Educación de España, al cual pertenezco. No me lo pienso dos veces. La isla bonita era para mí, hombre de izquierdas, algo parecido a la antesala del paraíso.

Llego a la isla justamente en la madrugada del 1º de enero de 1989. Camino del hotel contemplo los carteles que evocan el trigésimo aniversario de la Revolución. La primera sorpresa se me ofrece nada más llegar al hotel, sito en el Malecón. En torno a las 3 de la madrugada el hotel hierve: jóvenes de ambos sexos desfilan hacia la discoteca o salen de ella. Continúa la fiesta. Estoy cansado y subo a la habitación que se me ha asignado. Pese al cansancio no logro conciliar el sueño y emplazo un sillón frente a un gran ventanal que parece proyectarse sobre la ciudad. Tenuemente el alba comienza a iluminar el decorado y van apareciendo ante mis expectantes ojos Centro Habana y La Habana Vieja, al fondo la boca de entrada al puerto y La Cabaña. Es mi primer encuentro con la ciudad, con una ciudad que voy a amar casi sin límites. Es mi enamoramiento, mi "coup de foudre" ante ella.

Estos primeros meses son de admiración y de asombro. Me encuentro con una sociedad viva y en constante movimiento. Con un pueblo abierto y generoso que me recibe y acoge como a un amigo, como a un hermano. Al poco tiempo de mi llegada, La Habana recibe clamorosamente a Mijaíl Gorbachov y parece que la 'perestroika' también va a llegar a la Isla; pero la caída del Muro de Berlín y el desmoronamiento de la Unión Soviética hacen que las cosas tomen un rumbo muy distinto.

Por desgracia voy a ser testigo de cómo una sociedad que vivía en una relativa bonanza va a pasar en poquísimo tiempo a tener que resolver día a día la mera subsistencia. Viviré a fondo el período especial y seré testigo del ingenio –y también de las miserias que la mayor parte del pueblo cubano deberá desplegar para poder llegar a fin de mes cuando los suministros de la libreta de racionamiento se han agotado en los diez primeros días.

2- Poco después de su llegada a Cuba usted comenzó a desarrollar proyectos culturales de diversos tipos. ¿Le resultó fácil llevar a cabo esas labores? ¿Contó con el apoyo de instituciones, funcionarios, intelectuales y artistas cubanos?

En este contexto la cultura se va a convertir en un alimento más que ayude a la gente a vivir. Y ahí voy a encontrar mi lugar, tratando de propiciar espacios de convivencia e intercambio cultural entre dos culturas que poseen un pasado común y que se enriquecen mutuamente.

El primero de esos espacios es modesto. El pequeño centro educativo que coordino realiza sus actividades académicas por las mañanas. Aprovecho entonces las tardes para desarrollar una programación cultural que inicio bajo el nombre un tanto rimbombante de 'Aula de Cultura Iberoamericana'. Cuento con la inapreciable colaboración de algunos intelectuales cubanos que acogen la idea con entusiasmo. Pronto la pequeña sala que alberga nuestras actividades los martes y los jueves por la tarde comienza a llenarse. El ciclo que en 1989 dedico al cineasta Almodóvar, por ejemplo, rebosa los límites de la sala y multitud de jóvenes lo siguen sentados en el suelo y a un par de metros de la pantalla. Aprovecho, por otra parte, la llegada de académicos, intelectuales y artistas españoles, de paso por la isla, para invitarles a conferenciar, a recitar, a dialogar con el público cubano que acude crecientemente a la sala. Figuras de la cultura cubana de la talla de Manuel Moreno Fraginals, José Antonio Portuondo, Julio Le Riverend, Eliseo Diego, Dulce María Loynaz, Fina García Marruz, Cintio Vitier, César López, etc., irán sumándose a las actividades programadas, sobre todo a partir de la invitación que el Ministerio de Relaciones Exteriores cubano nos hace para alojar nuestras actividades en las instituciones académicas y culturales cubanas.

3- De todos aquellos proyectos culturales en los que usted tuvo una participación destacada, como gestor o como ejecutante, ¿cuáles considera los más sobresalientes?

Guardo especial cariño a esas primeras sesiones del Aula y a las actividades que en febrero de 1989 organizamos con el Ministerio de Cultura, la Universidad de La Habana y la UNEAC para recordar a Antonio Machado en el 50 aniversario de su muerte. Incluso pudimos publicar una pequeña antología con algunos de sus textos más significativos. Ahora bien, los ciclos culturales conjuntos más sobresalientes creo que fueron 'Las vanguardias artísticas españolas y América', que se celebró a lo largo de varios años en la UNEAC, y 'Nuestra Común Historia', postgrado que desarrollamos con la Universidad de La Habana en la Sala Lezama Lima, del Gran Teatro de La Habana, a lo largo de medio año y en el cual ofrecieron conferencias historiadores españoles como Consuelo Naranjo Orovio, Izaskun Álvarez Cuartero y Luis Miguel García Mora y los cubanos Eduardo Torres Cuevas, Olga Cabrera y César García del Pino. Al finalizar el curso las disertaciones fueron recogidas en el volumen *Nuestra común historia. Poblamiento y nacionalidad*, impreso en La Habana en 1993. Cuando salí definitiva e inesperadamente de la isla, en julio de 1996, todavía estaban programadas las sesiones del Aula de Cultura Iberoamericana hasta fin de año.

También quiero mencionar el ciclo que desde abril de 1991 hasta diciembre de 1992 dedicamos a todos y cada uno de los premios Cervantes y en el cual, por ejemplo, Cintio Vitier abordó la obra de Jorge Luis Borges, Salvador Bueno la de Francisco Ayala, Fernández Retamar la de Rafael Alberti, Jorge Luis Arcos la de María Zambrano y Antón Arrufat la de Dámaso Alonso. Todas esas intervenciones fueron igualmente recogidas en un volumen que cuenta además con ilustraciones cervantinas del destacado pintor Juan Moreira. Por feliz coincidencia aquel ciclo culminó con la concesión de dicho reconocimiento literario, en 1992, una fecha que recordaré siempre, a Dulce María Loynaz. Ese año lo recuerdo con especial cariño puesto que en él nació mi hija, supuso mi regreso a la isla (mi misión como funcionario del Ministerio de Educación había terminado el año anterior) y mi reincorporación en septiembre-octubre como experto cultural y educativo de la Agencia Española de Cooperación Internacional, con lo cual pasé a ejercer las labores de Agregado Cultural de la Embajada de España en Cuba. El otorgamiento del premio Cervantes a mi querida amiga, que se nos comunicó en noviembre, claro está que fue el colofón perfecto a una intensa labor de cooperación cultural conjunta.

También podría citar otros eventos culturales en los que tomé parte como coordinador o expositor, entre ellos el Primer Encuentro Iberoamericano "José María Chacón y Calvo" Hispanista Cubano, realizado en 1995 en el Capitolio de La Habana con la asistencia de especialistas españoles – Julio Rodríguez Puértolas, Francesc Rogés –y cubanos– Virgilio López Lemus, Miguel Iturria, María del Rosario Díaz. Y la celebración del Día del Idioma en el Instituto de Literatura y Lingüística en abril de 1993 y de 1994, en ambas oportunidades bajo la presidencia de José Antonio Portuondo y con las intervenciones de destacados intelectuales como Enrique Saíz, Max Figueroa y Sergio Valdés Bernal.

Por último deseo aludir a mi modesto papel en la realización del encuentro llamado *La Isla Entera*[1], que se llevó a cabo en Madrid en 1994 y sirvió para reunir a escritores cubanos residentes en su país –Pablo Armando Fernández, César López, Efraín Rodríguez Santana, Jorge Luis Arcos, Delfín Prats– y los pertenecientes a la diáspora –Heberto Padilla, Gastón Baquero, Nivaria Tejera, José Kozer. Considero aún que aquel encuentro fue muy útil para limar asperezas y crear un clima de distensión entre los intelectuales de dentro y de fuera de la isla.

4- Llama la atención que su labor de promoción cultural no se limitó a La Habana, sino que abarcó a otras ciudades del país. En concreto, ¿cuáles fueron esos proyectos y en qué circunstancias pudo realizarlos?

1. Del 21 al 25 de noviembre de 1994, la Secretaría de Estado para la Cooperación Internacional y para Iberoamérica organizó las Jornadas de Poesía Cubana: La Isla Entera que se celebraron en la madrileña Casa de América y en la Universidad Complutense de Madrid. Participaron 24 poetas y escritores cubanos residentes dentro y fuera de la Isla. Desde Cuba: Rafael Alcides, Guillermo Rodríguez Rivera, José Prats Sariol, Cleva Solís, Jorge Luis Arcos, Efraín Rodríguez Santana, Pablo Armando Fernández, César López, Delfín Prats, Reina María Rodríguez, Enrique Saínz y Bladimir Zamora Céspedes. Del exilio: Gastón Baquero, Nivaria Tejera, Heberto Padilla, Manuel Díaz Martínez, Pepe Triana, Mario Parajón, José Kozer, Orlando Rossardi, Pío E. Serrano, León de la Hoz, Alberto Lauro y Felipe Lázaro. (Nota del editor).

Así es. En la extensión de las actividades culturales conjuntas a toda la isla tuvo mucho que ver la impagable colaboración de los intelectuales y académicos cubanos que colaboraban con nosotros y el apoyo incondicional del embajador español, Gumersindo Rico, y del coordinador de la Cooperación Española Manuel Iglesia-Caruncho. Santiago de Cuba, Camagüey, Pinar del Río, Las Tunas, Santa Clara, Matanzas, Santa María del Rosario..., acogieron con calor nuestras actividades conjuntas, especialmente los ciclos 'Nuestra Común Historia' y 'Las vanguardias artísticas'. La Universidad de Oriente, que me honró otorgándome una de sus distinciones más notables, recibió con renovado entusiasmo nuestro trabajo. Y puesto que me refiero ahora a alguna de las numerosas distinciones de organismos e instituciones cubanas que reconocieron en mi persona, a veces inmerecidamente, ese trabajo, debo de expresar mi agradecimiento a las diversas agrupaciones españolas en Cuba, particularmente a la Federación de Asociaciones Asturianas, que me otorgó la distinción Jovellanos, y también a la Fundación José María Chacón y Calvo, que en su sede en Santa María del Rosario me honró con la Presidencia de Honor.

Después de tres años de intensa labor de cooperación cultural y educativa (ediciones conjuntas patrocinadas por la AECI, ciclos de cine, importantes donaciones de libros a bibliotecas cubanas, numerosas becas y trabajos de investigación, etc.) y, cuando en el otoño de 1995 ya concluía esta segunda misión, se me encomendó, desde el Ministerio de Cultura de Madrid, la coordinación general de un extraordinario Festival de las Artes y las Letras de España, que en el último trimestre de aquel año abarcó toda la isla. Buena parte de lo mejor de la pintura, el teatro, la danza, la música, la literatura y el cine españoles desembarcó entonces en Cuba. Pude tener el privilegio de participar activamente, en primera línea, de todo ese magnífico despliegue cultural que contribuía a hermanar, aún más si cabe, al abuelo español y al abuelo africano.

5- Al hacer un recuento de su muy provechosa estancia en Cuba, ¿cuál es el saldo de aquella experiencia y qué huellas perduran? ¿Sigue considerando el intercambio cultural un recurso muy valioso para el conocimiento y la solidaridad entre los pueblos, en particular entre el español y el cubano?

Siempre he dicho que el español que no conoce y vive América, la América Hispana, es un español a medias, pues ignora lo mejor que ha dado España al mundo; con sus complejidades y contradicciones, desde luego. Tuve la suerte de vivir por primera vez América en Colombia, donde permanecí a lo largo de gran parte de 1988. Otro país excepcional. La llegada a Cuba supuso para mí el encuentro con ese maridaje tan rico de lo afrohispano, que considero la esencia de la cubanía. En ese contexto el intercambio cultural produce siempre los mejores frutos, pues contribuye a completar la idiosincrasia de una y otra parte. Un español que desconoce la cultura cubana se ha perdido buena parte de su propia cultura; a la inversa, un cubano que no conoce la cultura española, ignora la cultura de una parte de sus ancestros. Más allá de las circunstancias políticas, muchas veces efímeras, el intercambio cultural es la base, el sustento, de la solidaridad y el hermanamiento entre los pueblos.

Jorge Domingo Cuadriello (La Habana, 1954). Investigador y narrador cubano. Jefe de Redacción de la revista *Espacio Laical*, editada en la capital cubana. Autor de los libros: *El exilio republicano español en Cuba* (2009) y *Diccionario bio-bibliográfico de escritores españoles en Cuba. Siglo XX.* (2010).

Amigo don Carlos: le llamo así, porque en el servicio de viaje espiritista de Mayarí he visto en su carta todo lo que detrás y dentro de las letras. Gracias. Tener lectores de lujo es el gran lujo.

La generosa amistad de con Fidal el Bueno me trajo la alegría de su relación con Eliseo. Aquí le va este libro para él, con un libro. Va otro para usted. A mi querido don Bladimiro,yo se lo dar en propia mano. Hace poco cité su libro sobre Panchito Gomez.

Mi gratitud al embajador por su aprecio de Indios,Blancos y Negros en el caldero de América. Me quedé corto.Hay que decir más, pero lo considero tan inutil,que mejor es no dar demasi da lata.
                                    Chencho
        Por gentileza de don Arias, el Incansable en servir, el amigo Director del ICI me esta publicando un folleto titulado "Aproximación a Dulce María Loynaz",que no tiene más mérito que ayudar un poco a que
                                 ciertos
me la conozco y se la aprecie más en medios de aquí. Reproduzco mi artículo sobre Jardín,que esta en el magnífico libro de Pedro Simón

        Espero verle pronto por Madrid,y agradecerle personalmente. Me honrará mucho tener con usted la misma relación que tengo con Fidal,a quien he bautizado como Gran Mártir de la Poesía Cubana. Por eso le llamo El Bueno, no por otra cosa.
                                                54.
        Si en algo puedo serle util, a mandar.Mi teléfono es el 5 76 74
A quien usted crea oportuno dárselo por ahí, este en libertad de hacerlo,porque como decimos los castellanos viejos "p se con quien me gasto lo cuartos.
        La amistdd de
                                Gastón.

Carta de Gastón Baquero a Carlos Barbáchano.

Almuerzo del evento La Isla Entera en un restaurante asturiano cerca de la casa de Gastón Baquero. De pie: Heberto Padilla y Carlos Barbáchano. Sentados: Pilar Saro, Annabell Rodríguez, César López y J. J. Armas Marcelo.

La cultura nacional es un lugar de encuentro*

Por Gastón Baquero

La necesidad de promover y realizar encuentros entre los escritores y artistas cubanos residentes en las dos grandes áreas geográficas que hoy los alberga –la nacional y la extranjera- es un imperativo que nadie puede ignorar.

Los encuentros a través de contactos y aportes personales, o utilizando cualquiera de los medios de comunicación –seminarios, cursos, festivales, publicaciones, etc.- son sin duda el vehículo ideal para mantener vivo y fecundo el enriquecimiento mutuo de los protagonistas de una cultura cuya identidad la sitúa más allá de las diversidades geográficas y de las ideas y tareas de sus componentes humanos.

A la identidad cultural cubana pertenecen por igual todos los que de un modo u otro contribuyen a su vigencia actual, y por ende a su vigencia futura. El organismo vivo que es una cultura nacional está nutrido con los aportes de todos: hombres y mujeres, jóvenes y viejos, tradicionalistas e innovadores, activistas o indiferentes en política, en religión, y en tareas profesionales y artesanales.

La cultura es en sí misma un lugar de encuentro, una suma. Si por cualquier motivo se producen "focos de dispersión" entre los elementos humanos pertenecientes a un mismo tronco cultural, es obligación de todos superar los perjuicios del distanciamiento geográfico mediante la más intensa intercomunicación posible. Los encuentros de ar-

* Publicado en la revista *Encuentro de la cultura cubana* (Madrid, nº 1, verano de 1996; pág. 4).

tistas, escritores y demás elementos ligados a la actividad cultural, ofrecen el más seguro y el mejor de los caminos. Encontrarse en un mismo sitio es convivir. Es ofrecerse y entregarse recíprocamente los frutos que se dispongan, sean experiencias creadoras o los resultados mismos de la creación de cada uno.

Cuantos hacemos esta revista queremos, sencillamente, ofrecer un punto más de encuentro a los creadores protagonistas de la cultura y a los amigos de ella, que por fortunas son muchos y de las más variadas nacionalidades e ideas. Nuestra aspiración es abrir una plaza más, por modesta y sencilla que pueda ser, a la urgente necesidad de "deslocalizar" las manifestaciones y la difusión de una cultura viva que por sí misma supo situarse siempre por encima de las banderías políticas y de los sectarismos estéticos y éticos de cualquier tipo.

Encontrándonos todos en las páginas impresas de una revista, o en los coloquios u otras citas culturales, es un anticipo, una puesta en práctica del inesquivable Encuentro mayor que mantendremos un día en el escenario común, quienes no queremos alejarnos de una cultura insustituible que es la máxima expresión de nuestra historia y de nuestro ser.

Despedida de los lectores *

Por Gastón Baquero

Al iniciar un viaje que por muchos motivos puede denominarse de vacaciones, consideramos obligado ofrecer a los lectores amigos –los otros se lo explican a su manera- algunas consideraciones de este columnista antes y después del 1º de Enero. Veníamos en silencio, sin escribir, desde la aparición de la censura. Meses y meses previos al desenlace de una etapa histórica, nos vieron callados, y posiblemente interpretados por algunos frívolos o por algunos ciegos apasionados como indiferentes a un dolor patrio o como partícipes de la mentalidad y ejecutoria que producía esos dolores. A cada cual su juicio, su interpretación, su creencia, que solo puede modificarla el tiempo. Es inútil razonar contra los prejuicios.

Las personas de nuestra manera de pensar nos veíamos cada día más arrojadas a un callejón sin salida. Estábamos contra el crimen y la violencia, pero no podíamos irnos con la revolución. Comprendíamos que ya la tragedia cubana avanzaba con violencia arrasadora y que no tenía nada que hacer la voz del periodista, y menos si éste pertenecía a la ideología conservadora. Se habían gastado las palabras persuasivas, los llamamientos al cese de la lucha, las apelaciones a buscar una salida incruenta. La palabra pertenecía a las armas, que no se han hecho para propiciar el entendimiento. A quienes no podíamos ni aplaudir lo que ocurría, ni dar por bueno lo que venía, no nos quedaba otra postura que la del silencio. Y al silencio fuimos.

* Carta de despedida de Gastòn Baquero publicada en el periódico *Diario de la Marina* (La Habana, 19 de abril de 1959). Este texto se añade al Apéndice, gracias a la gentileza del poeta y editor cubano Pío E. Serrano. (Nota del editor).

Los tiempos cubanos, como los de casi todos los países en esta hora del mundo, se inclinaban visiblemente hacia las soluciones extremas. Muchos creían que se gestaba simplemente la caída del gobierno con su reemplazo por otro mejor, pero adscrito en definitiva a una línea jurídica, económica, social, política, dentro de una tradición inaugurada en la Carta Magna de 1940. Quienes veíamos que la nueva generación iba mucho más allá, y propugnaba una revolución y no un simple cambio de gobernantes, abogábamos por no tener fe en las revoluciones, por salidas de otro tipo, que eliminaran el gobierno malo, pero que no abrieran la terrible incógnita de una revolución social siempre más radical y profunda de lo que –afortunada o desdichadamente- Cuba puede y debe intentar en esta hora.

¿Y por qué no tenemos fe en las revoluciones? No es porque ellas produzcan trastornos, lesionen intereses, vuelquen las costumbres. No tenemos fe en ellas porque siempre se fijan tareas que requerirían la asistencia de grandes genios, la milagrosa autoridad de ángeles y santos para cambiar de la noche a la mañana la naturaleza humana. Las revoluciones quieren hacer por decreto que en un instante se precipite el progreso, y nazca el hombre nuevo y surja por encanto la ciudad soñada. Su gran paradoja consiste en que no quiere dar al tiempo lo que es destiempo, ni al hombre lo que es del hombre, sino que intenta saltar, a pies juntillas, por encima del tiempo y del hombre para llegar de una vez a la meta teóricamente fijada.

Provocan sufrimientos y conmociones que alteran a fondo y por mucho tiempo el desarrollo normal y seguro, el avance lógico y humano hacia el mejoramiento constante de las formas de vida. Quiere la perfección de la noche a la mañana y es en definitiva una noble pero trágica terquedad ideológica, soberbia intelectual, que quiere desconocer la naturaleza humana y piensa que las grandes ideas, el afán por la justicia, la sed de verdad, no han aparecido en el mundo porque a éste le han faltado revolucionarios. La historia muestra que los revolucionarios han contribuido como nadie a la aparición de nuevas ideas, de mejoramiento y de justicia, pero que los revolucionarios, cuando triunfan, ya no saben sino saltar hacia el porvenir, de un golpe, ignorando la dura materia del tiempo y la fuerte resistencia del hombre. Mientras no llegan al poder son un bien, pues traen el fermento de la inquietud y el aguijón del progreso.

El progreso cubano culminó, como se sabe, en la fuga del dictador, en la impotencia de la junta militar, y en el ascenso al poder de la juventud partidaria de la revolución. Los caracteres ideológicos de ésta no fueron nunca disfrazados por sus dirigentes. En el manifiesto dado por el Dr. Fidel Castro en diciembre de 1957, al desembarcar en Cuba, están contenidas todas las ideas que hoy se van convirtiendo en leyes.

Si algún capitalista se engañó, fue porque quiso; si algún propietario pensó que todo terminaría al caer el régimen, pensó mal, porque claramente se le dijo por el Dr. Castro que todo comenzaría al caer el régimen; y si alguna persona alérgica a las grandes conmociones económicas y sociales siguió y ayudó al Movimiento creyendo que éste venía solamente a tumbar a Batista, pero no a cambiar costumbres muy arraigadas en la organización económica y social, se equivocaron totalmente o no leyó con atención aquel manifiesto. El Dr. Castro no ha engañado a nadie, aunque mucha gente conservadoras y enemiga de las convulsiones le siguieron sin preguntarse detenidamente hacia donde la llevaban.

Y como este columnista no fue ni es partidario de las revoluciones, ni de las transformaciones violentas de la estructura social (lo que no quiere decir que permanezca indiferente ante los males y renuncie a la superación de estos por medios que le parecen menos dañinos y más duraderos), no creyó nunca que se debió abandonar los esfuerzos para poner fin pacífico y no revolucionario a los horrores que Cuba padecía. Por supuesto que esta idea no solo fue derrotada por los hechos lo que es mortal para una idea sino que se prestó y se presta a las interpretaciones más agresivas y mortificantes sobre el origen de la actitud.

Al triunfar la revolución no faltaron los atolondrados que seguían creyendo que por haber sido más o menos antibatistianos eran ya suficientemente revolucionarios. No veían que el 1º de enero, volado ya el posible puente de una junta militar delicia de los que querían dinamitar la casa, pero sin derribar las paredes ni el techo, Cuba entraba a vivir una etapa histórica absolutamente distinta. Esta etapa iba a requerir una nueva mentalidad en las clases, en los ciudadanos, en el Estrado, en las costumbres, pero muy pocos lo sospechaban.

Al principio, todo fue júbilo. La caída de una dictadura que cometió tan terribles errores y realizó tantos horrores, fue ocasión justificada para el desbordamiento oceánico de alegría pura y sincera, sin diferencia de clase ni de individuos. Todos eran felices porque había caído la tiranía; pero muchos no sospechaban siquiera que recibían entre palmas una revolución social. Ya de Batista estaban hasta la coronilla los más tenaces batistianos. El río de sangre, la inseguridad para la vida y la propiedad, la censura de prensa, el imperio del terror como norma de gobierno, habían llegado a sensibilizar hasta a los más reacios al dolor ajeno. Cuba había apurado el límite de la resistencia física y de la resistencia moral. De todos sus sufrimientos parecía librarse, en jubilosa catarsis, cuando ofrecía enardecida a los revolucionarios victoriosos el laurel de la gratitud y el aplauso de la admiración. Y como en 1902, como en 1933, como en 1944, el pueblo cubano se dispuso a iniciar de nuevo el camino hacia la honradez administrativa, la libertad ciudadana, el respeto a los derechos, la desaparición de los privilegios, y la vida reglada por la paz, la cultura y el progreso.

¿Cuál era la actitud correcta de quienes no creímos en la revolución y no hicimos por ella nada, aunque tampoco hicimos, en conciencia, nada contra ella? A nuestro juicio, lo decoroso, lo justo, era el silencio. Fácil nos hubiera sido, de quererlo, y pese al riesgo de esa burla, presentarnos en pose demagógica, arrojando flores al paso de los vencedores. ¿No es esto lo usual? ¿No hemos presenciado el desfile ignominioso de los incorporados, de los revolucionarios del 2 de Enero, de los radicales que no tienen mucho que perder y de los conservadores y hasta de los reaccionarios disfrazados de dantones?

Quienes comprendimos que el 1º de Enero se iniciaba en Cuba una etapa de gran conmoción social, de renovación que iba mucho más allá de lo imaginado por tantos y tantos que confunden revolución con antibatistismo y sentíamos que esas nuevas ideas triunfantes no eran las nuestras, no podíamos hacer otra cosa que callarnos y dejar que le revolución misma se abriese paso entre las clases sociales, perfilando su real fisonomía y declarando paladinamente a quienes aún vivían engañados cuáles eran sus verdaderas proyecciones.

Ahora nos encontramos en el ápice del despertar. Aquella señora que compró sus bonitos del 26, no soñó que la revolución le iba a rebajar un 50% de sus rentas por alquileres; aquel industrial que por ideología o por miedo abrió sus arcas, creyó que tenía adquiridos títulos revolucionarios y subsiguiente influencia; aquel sacerdote que hizo de su

sotana un manto de piedad para salvar vidas de jóvenes aco-
sados y de su iglesia un centro de conspiración, creyó que
se tendría en cuenta su filosofía de la sociedad y de la vida.
Cuántas ilusiones, esperanzas, elucubraciones y cálculos
han fallado.

Pues llegó la revolución de veras, radical, inflexible, sin
compromiso ante sus ojos y anhelosa de llevar a cabo un
enorme cambio, un programa descomunal de contenido
económico y social, que ha venido gestándose en la mente de los cubanos revolucionarios desde los mismos años
inaugurales de la República. Llegó la revolución en la que
no tienen cabida el perdón de los errores, el pensamiento
conservador, la doctrina tradicionalista ni el conformismo
acomodaticio que, es cierto, ha frustrado tantas esperanzas
del cubano.

Al chocar frente a frente con la realidad, muchos se han
asustado. No sabían que una revolución era así. Pues así,
y más, son las revoluciones. Por eso ante ellas, quienes no
tenemos vocación política y no nos inclinamos a participar
en movimientos contrarrevolucionarios por mucho que la
revolución nos persiga, no sabemos hacer otra cosa que po-
nernos al margen, dejar pasar el poderoso torrente y desear,
sin el menor resentimiento, que triunfe y se consolide cuanto sea bueno para Cuba, y que se disuelva rápidamente en
el vacío cuanto pueda ser un mal para esta tierra de la cual
pueden incluso hasta arrojarnos, pero no pueden impedir
que la amemos con la misma pasión que pueda amarla el
más revolucionario de sus hijos.

Al iniciar este viaje, lector, dejamos en manos de nuestro querido Director y amigo, José Ignacio Rivero, hombre
cristiano, hombre de carácter, nuestro cargo en el *Diario
de la Marina*, de Jefe de Redacción, que tanta honra nos
deja para siempre. Comprendemos que hay momentos en

los cuales pueden ser confundidas, con daño para lo que más importa que es el *Diario*, las actitudes personales, las ideas propias, con las actitudes del periódico. En medio de la pasión, del asombro de las clases, del choque ideológico inesperado, tiene por ahora poco que hacer un periodista verticalmente conservador, un derechista en tiempos de derrota para las derechas. Cabe la adaptación sinuosa, o cabe el combate. Aquella es lo innoble y éste es lo absurdo.

Desde lejos hablaremos, en tanto Dios provea otra cosa si nos da venia para ello el Director y si no se oponen ciertos defensores de la libertad de pensamiento, de otras tierras, de otros cielos, de otros personajes. Posiblemente, con toda posibilidad, volveremos de un modo o de otro a defender aquellas ideas en las cuales creemos sobre la sociedad, la economía, las relaciones humanas, la libertad frente al comunismo esclavizador, ideas de las que nos sentimos orgullosos, por maltratadas, incomprendidas y vilipendiadas que hoy se hallen. El mundo las necesita, aunque no quiera verlo. El miedo a defender las ideas que van contra la corriente o que son estigmatizadas como nocivas, es la mayor de las cobardías. Vale más morir junto a una idea vencida, en la cual se cree todavía, que unirse al carro victorioso que pasa, renunciando a tener ideas, a defender una ideología, a proclamar la visión propia y sincera que se tiene de los hombres y del mundo.

[*Diario de la Marina*, 19 de abril, 1959]

Entrega de premios en la sede de la Federación de las Sociedades Españolas. Tras la mesa, Gumersindo Rico y Carlos Barbáchano.

ÍNDICE

Cena en la madrileña Casa de América con motivo de La Isla Entera: Jorge Luis Arcos, José Prats Sariol, Rafael Alcides, Annabelle Rodríguez, Pilar Saro y Carlos Barbáchano.

Este libro se terminó de imprimir
el día 17 de diciembre de 2015.

Retrato de Gastón Baquero (segundo retrato de Miguel Elías).

editorial **BETANIA**

Apartado de Correos 50.767 Madrid 28080 España
E-Mail: editorialbetania@gmail.com / ebetania@terra.com
Blog: http://ebetania.wordpress.com

RESUMEN DEL CATÁLOGO (1987-2015)

Colección ENSAYO:

Los días cubanos de Hernán Cortés y su lucha por un ideal, de Ángel Aparicio Laurencio.

Desde esta orilla: poesía cubana del exilio, de Elías Miguel Muñoz.

Alta Marea. Intromisión crítica en ocho voces latinoamericanas: Belli, Fuentes, Lagos, Mistral, Neruda, Orrillo, Rojas, Villaurrutia, de Alicia Galaz-Vivar Welden.

Novela española e hispanoamericana contemporánea. Temas y técnicas narrativas: Delibes, Goytisolo Benet, Carpentier, García Márquez, y Fuentes, de María Antonia Beltrán-Vocal.

Poesías de J. F. Manzano, esclavo en la isla de Cuba y El Ranchador de Pedro José Morillas, de Adriana Lewis Galanes.

El discurso dialógico de La era imaginaria de René Vázquez Díaz, de Elena M. Martínez.

Cuba, país olvidado, de Sergio Heredia Corrales.

Francisco Grandmontagne, un noventayochista olvidado, de Argentina a España, de Amalia Lasarte Dishman.

Cuba: el abrazo imposible. Cartas a Alde, de Mari Paz Martínez Nieto.

Erotomanías y otros derivados, de Pedro Molina.

Cuba: la conspiración del silencio, de John A. Pérez Sampedro.

Asedios al texto literario (Arenas, Borges, Carpentier, Diego, Góngora, Herrera y Reissig, Lezama Lima, Martí, Onetti, Quevedo, Rulfo, San Juan de la Cruz, Sarduy, Vallejo), de María Elena Blanco.

El único José Martí, principal opositor a Fidel Castro, de Ismael Sambra.

El alcoholismo: cómo afecta a su entorno, de Engar Juli.

Gastón Baquero: la invención de lo cotidiano, de Felipe Lázaro.

Después del rayo y del fuego. Acerca de José Martí, de Eduardo Lolo.

La estirpe de Telémaco. Estudios sobre la literatura y el viaje, de Petra-Iraides Cruz Leal y José Ismael Gutiérrez.

La configuración literaria de la revolución cubana. De la mitificación a la desmitificación, de Emilia Yulzarí.

Para Cuba que sufre: mi granito de arena, de Joely R. Villalba.

Carlos Quinto, tanto imperio y Felipe II: "No he oído cantar a los ruiseñores", de Clara Díaz Pascual.

Indagación en la literatura y cultura hispanoamericana, de Onilda A. Jiménez.

Ecléctico Eclesiastés con Proverbios I. Prosas estilizadas al estilo de mi madre, de Alberto Díaz Díaz.

Poesía insular de signo infinito. Una lectura de poetas cubanas de la diáspora, de Aimée G. Bolaños.

La espléndida ciudad y La necesidad de escribir, de Julio Pino Miyar.

Las estaciones de Reinaldo Bragado: El existencialismo cubano y el paradigma de los escritores en la Isla, de David Walter Aguado.

La cárcel letrada: narrativa cubana carcelaria, de Rafael E. Saumell.

La modernización fallida: República Dominicana (1996-2012), de Carlos Báez Evertsz.

¿Fue José Martí racista? Perspectiva sobre los negros en Cuba y Estados Unidos. (Una crítica a la Academia norteamericana), de Miguel Cabrera Peña.

Un puente contracorriente. Ediciones El Puente: Un esfuerzo literario dentro y fuera de Cuba, de Marlies Pahlenberg.

Estudios literarios (Enrique Serpa, Carlos Felipe, José R. Brene, Antonio Machado, Francisco de Arango y Parreño, René López, César Vallejo, J. D. Salinger, Lino Novás Calvo) de Roberto Ferrer.

Los indignados españoles: Del 15M a PODEMOS, de León de la Hoz.

Antes de "Cuba Libre". El surgimiento del primer presidente, Tomás Estrada Palma, de Margarita García.

La dama de América: Documentos y textos sobre Dulce María Loynaz, de Alejandro González Acosta.

Gastón Baquero: El hombre que ansiaba las estrellas, de Carlos Barbáchano.

NOVEDADES

Jorge Luis Arcos

EL LIBRO DE LAS CONVERSIONES IMAGINARIAS

Prólogo de Efraín Rodríguez Santana

BETANIA

LINA DE FERIA

LOS CRISTALES
QUE TE HINCAN

Prólogo y edición de Yoandy Cabrera

BETANIA

GUILLERMO RODRÍGUEZ RIVERA

CUBA
(POEMA MITOLÓGICO)

Prólogo de Jorge Luis Arcos
Epílogo de Milena Rodríguez Gutiérrez

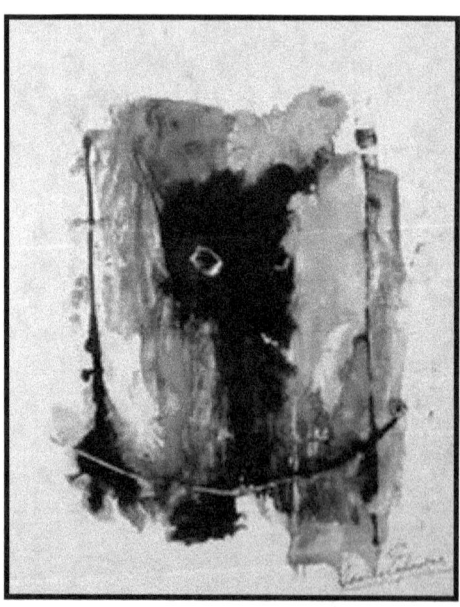

BETANIA

Félix Anesio

EL OJO DE LA GAVIOTA

Prólogo de Lina de Feria

BETANIA

Carlos Barbáchano

Licenciado en Filología Románica y Diplomado en Cinematografía, completó sus estudios de doctorado en las Universidades de Zaragoza (Filología) y Complutense de Madrid (Comunicación Audiovisual). Ha alternado su labor docente como profesor de Lengua y Literatura Española (Segovia, Madrid) y de Cinematografía (Valladolid), con la difusión y gestión cultural y educativa en España, Hispanoamérica y África: Programa de Intercambio de Expertos, Colombia 1988, Agregado de la Embajada de España en La Habana para asuntos educativos y culturales entre 1989 y 1996, Asesor Técnico Docente en la Consejería de Educación de España en Marruecos de 2010 a 2015.

Especialista en Medios Audiovisuales, ha sido asesor del Programa de Nuevas Tecnologías y de la Información del Ministerio de Educación y Ciencia, vocal asesor para el centenario de Luis Buñuel y colaborador de numerosas publicaciones. Ha participado en numerosos congresos e impartido un centenar de conferencias, seminarios y talleres en España, América y África.

Autor de *Bécquer* (Epesa), *El cine, arte e industria*, *El cine y Buñuel* (los tres títulos en Salvat), *Francisco Regueiro* (Filmoteca Española), *Entre cine y literatura* (Prames), *Luis Buñuel* (Alianza). Editor y/o traductor de: *Teoría de la novela* (SGEL), *Una temporada en el infierno* e *Iluminaciones*, de Arthur Rimbaud (Montesinos), *Charles Chaplin* (Salvat), *Los Cervantes en la isla* (Casa de las Américas-ICI), *Cuba-España. Cultura y sociedad* (Ciencias Sociales-ICI), *Leopoldo Alas, 'Clarín': ensayos y críticas* (Páginas de espuma), *Arthur Rimbaud. Poesía* (Alianza), *Cómo se hace una película*, de Claude Chabrol (Alianza). Ha participado asimismo en numerosas ediciones colectivas, entre ellas *François Truffaut* (Mensajero), *Obsesión Buñuel* (Ocho y Medio) y *Cine e Historia en España* (Universidad de Salamanca-Filmoteca de Castilla y León).

9 788480 173681

editorial **BETANIA**

Colección ENSAYO